Complexe IT-projecten managen

Focus INTERPRISE

issues in ondernemen met ICT

Complexe IT-projecten managen

drs. José Roelofs,
ir. Marten La Haye,
drs. Ton Schotgerrits

deze reeks staat onder redactie van drs. Ton Schotgerrits

ISBN 90-76304-93-9
ISSN 1566-0133 (Focus Interprise)

NUGI 855

Inhoudsopgave

Inhoudsopgave

8 Model voor het schatten en begroten van geïntegreerde IT-projecten
C.J.P. Overvoorde, drs. P.J.C. van Bladel

9 De definitiestudie: een onmisbare stap op de weg naar informatisering
J.J.V.R. Wintraecken

10 Implementatie in geïntegreerde IT-projecten
Drs. A.S. Wuestman, drs. T.R.J. Bosselaers

Voorwoord

Projectmanagement vraagt om een evenwicht tussen bezieling en beheersing. Uit bezieling ontstaan veranderingen, ontstaan projecten. Door beheersing worden projecten robuuster, wordt het verloop van het project in al zijn aspecten beter voorspelbaar.

De voortdurende ontwikkelingen in IT scheppen nieuwe mogelijkheden voor bedrijven om het aanbod aan en de relatie met klanten te verdiepen, te verbreden en te verbeteren. Innovatie blijft niet beperkt tot het introduceren van een nieuwe techniek of het realiseren van een nieuw systeem.
Meer en meer wordt innovatie projectmatig aangepakt. Daardoor verbreedt de scope van de projecten. Het aantal aspecten binnen projecten en het aantal relaties met de omgeving nemen toe.
Het projectresultaat bestaat uit een samenstel van nieuwe werkprocessen, andere organisatievormen en informatiesystemen. Daardoor veranderen en vervagen grenzen tussen afdelingen, tussen bedrijfsonderdelen en tussen bedrijven.
Ten slotte is ook de wijze waarop wordt overgeschakeld naar de vernieuwde wijze van werken met de systemen onderdeel van het project.

Vanuit verschillende invalshoeken wordt in dit boek de relatie gelegd tussen de diverse aspecten van projectmanagement. Ook geven de auteurs aan wat de mogelijkheden en de consequenties zijn voor de sturing over en het managen van het project.
De auteurs schetsen de gevolgen voor opdrachtgevers en projectmanagers. Het besturen en managen van projecten verbreedt en verdiept. Er is sprake van een ontwikkelproces.

Met dit boek delen de auteurs hun ervaringen met ons. Ook maken ze ons deelgenoot van de kennis die ze mede op basis van die ervaringen hebben ontwikkeld. Het vermogen om projecten te besturen is niet alleen een kwestie van kennis nemen van ervaringen en nieuwe inzichten. Het gaat om het leren hanteren van de toenemende complexiteit met hulp van bestaande en nieuwe principes.

In het project 'Reizen op één Pas' van NS Reizigers hebben de auteurs met mij gewerkt aan het besturen en beheersen van die complexiteit. De intensieve samenwerking strekte zich uit over de volle breedte van projectmanagement. Nieuwe inzichten en ervaringen hebben we met elkaar gedeeld en zo elkaar meegenomen in het verder ontwikkelen van het vak.

Het uitvoeren van een project blijft mensenwerk. Onverwachte wendingen, tegenslagen, fouten en meevallers vormen een onderdeel van elk project. Met beheersing worden negatieve effecten beperkt of voorkomen. Bezieling, de zichtbare wil om het resultaat te bereiken, maakt een project tot een machtig instrument voor innovatie.

Dit boek weerspiegelt de bezieling van de verschillende auteurs. Het boek laat zien hoe zij met hun verschillende invalshoeken werken aan het ontwikkelen van een integrale en beheerste aanpak voor complexe IT-projecten. Zij hebben hiermee een nieuwe stap gezet. Dit biedt u, de lezer, de mogelijkheid mee op weg te gaan in die ontwikkeling.

Ir. Wytze de Boer
projectmanager NS Reizigers

Inleiding

Onder de vlag van IT-projecten gaat heel wat schuil. In de loop van de jaren is de aard van de IT-projecten verschoven van het tot stand brengen van efficiency- en effectiviteitsverbetering naar ondersteuning van de strategie en vernieuwing van bijvoorbeeld processen, producten en cultuur. De reikwijdte van projecten is toegenomen van werkplek en afdeling naar business units en gehele organisatie. Deze verschuiving in doelstelling van projecten en reikwijdte resulteert in een grotere complexiteit van projecten met alle risico's die daarmee gepaard gaan.

Het is dan ook niet zo vreemd dat veel projecten mislukken in termen van geld, doorlooptijd en het niet realiseren van de geplande ambitie. In belangrijke mate heeft dit te maken met de wijze waarop de projecten worden gezien en aangestuurd. Als een project oneigenlijk wordt beschouwd als een technologisch project en daarop wordt ingericht en aangestuurd (terwijl er tevens sprake is van vernieuwing in processen en cultuur) kan uitloop in budget en tijd met zekerheid worden voorspeld. Het technische gedeelte van de systeemontwikkeling wordt vaak begroot in termen van functiepunten. Voor de mate waarin werkwijze, organisatie en mensen dienen te veranderen zou men behalve aan begroting in functiepunten evenzeer moeten denken aan begroting in bedrijfspunten respectievelijk veranderpunten.

In dit boek wordt ingegaan op verschillende soorten projecten met bijbehorende valkuilen en de wijze waarop complexe IT-projecten beheerst kunnen worden. Voor de inhoudelijke basis is gebruik gemaakt van het boek *Integraal ontwikkelen van organisatie en informatiesystemen*.[1] Hierin staat voor complexe IT-projecten inhoudelijk beschreven aan welke aspecten moet worden gedacht en welke producten per systeemontwikkelingsfase zouden moeten worden opgeleverd.

Complexe IT-projecten zijn projecten waarbij IT als 'verbeterinstru-

---

1   Berend Betz, José Roelofs en Jan Vrins, *Integraal ontwikkelen van organisatie en informatiesystemen*, Kluwer, Deventer 1995.

ment' of als 'strategisch wapen' wordt ingezet. In dit type projecten gaat het om verbetering van bedrijfsprocessen en informatievoorziening c.q. structurele verbetering van de bedrijfsvoering, waarbij zelfs strategie en missie onderwerp van verandering zijn. De faalkans in dit type projecten is doorgaans groot tot zeer groot, de faalkosten zijn hoog en de implementatie is complex. Een groot deel van de organisatie is betrokken en de rol van het lijnmanagement in de vorm van voorbeeldgedrag, communicatie en sturing is essentieel.

Parallel aan en geïntegreerd met de systeemontwikkeling vergroot aandacht voor veranderingsmanagement en administratieve organisatie in ruime zin de slaagkans van dit type projecten. De aanpak die hierbij hoort noemen we een integrale aanpak.

Bij integraal kan de gedachte ontstaan dat alles met alles samenhangt en derhalve alles moet worden aangepakt, en dat kost natuurlijk veel tijd en geld. Een dergelijke gedachte is maar gedeeltelijk juist. Indien het projectmanagement rekening houdt met een integrale aanpak en het kwaliteitsbeheer en risicomanagement hierop aansluiten, kunnen inspanningen zeer gericht plaatsvinden. Daar waar de grootste risico's c.q. onacceptabele risico's worden ingeschat, gaat de meeste inspanning op het gebied van kwaliteitszorg en ontwikkeling heen. In de planning en begroting kan hier al rekening mee worden gehouden.

Verder kunt u ervan uitgaan dat kosten op de genoemde aandachtsgebieden uiteindelijk toch gemaakt zullen worden ('there is no free lunch'). Dit blijkt ook uit onderzoek dat door een internationaal instituut op dit gebied is gedaan. Evenzeer is aantoonbaar dat, bij bovengenoemde projecttypering, een organisatie beter kan kiezen voor 'voorkomen' dan voor 'achteraf genezen'. Dit houdt in dat een gewenste verandering niet wordt doorgedrukt en problemen vervolgens worden opgelost, maar dat van tevoren wordt bepaald welke problemen zullen ontstaan en dat hierop actief wordt geanticipeerd. Voordelen zijn dat investeringen bewust worden gedaan, risico's kunnen worden beheerst en de motivatie van de gebruikers groter is.

Wat betekent dit allemaal in praktijk, zult u denken. Dat kunt u lezen in diverse hoofdstukken van dit boek. De auteurs hebben hun praktijkervaring met complexe IT-projecten vanuit verschillende invalshoeken beschreven. Een aantal aspecten behoeft nadere uitwerking en een aantal onderdelen komt nog niet aan de orde. In die zin is het boek niet af en dat zal het gezien de ontwikkelingen op dit gebied wellicht ook nooit worden. Wij willen u derhalve uitdagen om mee te werken aan de verbeterkringloop van dit boek en suggesties, vragen en praktijkervaring aan de redacteuren te melden.

Dit boek is geschreven voor de beheersing van maatwerkprojecten maar is grotendeels ook van toepassing in projecten waarbij sprake is van standaardpakketten. Daar waar het bijvoorbeeld gaat om het schatten en begroten, vervalt het onderdeel functiepunten voor maatwerk en komt de pakketprijs met eventuele aanpassingen aan de orde.

Doelgroep
Dit boek is bedoeld voor projectmanagers, informatiemanagers, kwaliteitsfunctionarissen en adviseurs omtrent complexe IT-projecten en opleiders op dit gebied. De eerste drie hoofdstukken zijn tevens interessant voor lijnmanagers die informatisering in hun portefeuille hebben en het gevoel hebben dat projecten uit de hand (kunnen gaan) lopen.

Opbouw en leeswijzer
De eerste drie hoofdstukken vormen de globale kapstok voor de daarop volgende hoofdstukken en kunnen als afzonderlijk deel worden gelezen. Hierin wordt aan de hand van een projecttypering beschreven wat valkuilen en remedies zijn van complexe IT-projecten en wordt vervolgens ingegaan op aandachtspunten voor de inhoudelijke aanpak en de managementoptiek. De lezer die in een nadere uitwerking is geïnteresseerd kan een verdieping in hoofdstuk 4 tot en met 10 vinden. Aangezien deze hoofdstukken een op zichzelf staand geheel vormen bevatten ze enige mate van redundantie.

De hoofdstukken 4 en 5 belichten twee aandachtsgebieden die in veel IT-projecten onderbelicht blijven: de 'zachte' kant van projecten en de rol van de administratieve organisatie.

De hoofdstukken 6, 7 en 8 gaan dieper in op belangrijke projectmanagementtaken bij complexe IT-projecten (kwaliteitsmanagement, risicomanagement, en schatten en begroten).

De hoofdstukken 9 en 10 brengen diverse aandachtsgebieden samen door voor twee fasen uit het systeemontwikkelingstraject (definitiestudie en implementatie) aan te geven op welke wijze hiermee bij integrale projecten zou kunnen worden omgegaan.

Ten geleide

Op één been is het moeilijk staan. Parallel aan het beschrijven van de inhoudelijke aanpak van complexe IT-projecten (Betz e.a., 1995) is derhalve door diverse collega's onze ervaring gebundeld met betrekking tot het management van deze projecten. Wij hebben dit ervaren als een project op zich: hoe manage je een club eigenwijze projectmanagers en organisatie-adviseurs tot voorliggend product. Wat ons betreft een heel leuk traject en een goed resultaat. Bij dezen willen wij iedereen die een bijdrage geleverd heeft van harte bedanken, in willekeurige volgorde: Jean-Jacques, Arend, Gerard, Paul, Jan, Martijn, Anita, Bart, Jaap en Theo en natuurlijk in het bijzonder onze vakbol die vaak just in time commentaar heeft geleverd: Aad en Aart. En bij deze ook dank aan Katja en Rianne die diverse praktische zaken voor ons hebben geregeld.

José Roelofs   Maarssen, 5 maart 1996
Marten La Haye
Ton Schotgerrits

1 Valkuilen en remedies in complexe IT-projecten

Ir. M.W. La Haye, drs. J.C. Roelofs

1.1 Inleiding

Dat zowel door bedrijfskundige veranderingen als ook door technische mogelijkheden de rol van informatietechnologie gedurende het afgelopen decennium drastisch veranderd is, is inmiddels bekend. Dat het ontwikkelen van nieuwe informatiesystemen hiermee eveneens vele malen complexer geworden is, wordt nog veel te weinig onderkend, getuige de vele uit de hand gelopen projecten waarover regelmatig gepubliceerd wordt.

Dit hoofdstuk zet de bedrijfskundige en technische ontwikkelingen die van invloed zijn op de manier waarop informatiesystemen worden ontwikkeld op een rij, om tot de conclusie te komen dat de meeste hedendaagse IT-projecten eigenlijk organisatieveranderingsprojecten zijn waarbij IT een belangrijke rol speelt. Aansluitend wordt een indeling in verschillende typen 'IT-projecten' geschetst en worden deze typologieën en de valkuilen per type verder uitgewerkt.

1.2 Bedrijfskundige veranderingen die van invloed zijn op de informatievoorziening

Hieronder wordt een aantal bedrijfskundige ontwikkelingen geschetst die van invloed zijn op de eisen die gesteld worden aan de informatievoorziening.

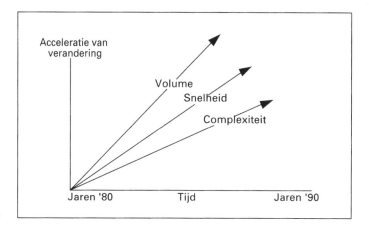

Figuur 1.1.

Turbulente
omgeving.

Veranderingen blijken steeds sneller plaats te vinden, een grotere omvang te krijgen en complexer van aard te zijn (zie ook Alvin Toffler's *Future Shock*). Een turbulente omgeving kent de volgende vijf karakteristieken:

1. Mensen komen meer veranderingen tegen op hun weg, met een diversiteit aan componenten.
2. Vanwege de samenhang tussen de componenten geldt dat als er iets misgaat, de rest meegaat.
3. Consequenties van een respons op een veranderde omgeving kunnen slecht worden voorzien.
4. Er is minder tijd om te reageren, met name bij onvoorziene consequenties.
5. Beheersing is moeilijk door de onvoorspelbaarheid en complexiteit.

Veel organisaties onderkennen deze ontwikkelingen en proberen hierop in te spelen door flexibiliteit in de organisatie in te bouwen. Dit heeft consequenties voor de inrichting van de organisatie, maar ook voor de informatievoorziening en de instelling van de mensen.

Toenemende
marktgericht-
heid en flexi-
biliteit van de
organisatie

Door de toenemende concurrentie en de matige economische ontwikkelingen staan bij veel organisaties de resultaten onder druk. Hierdoor vindt momenteel een transformatie plaats van 'interne' productgerichtheid naar 'externe' marktgerichtheid. Marktinformatie moet zo snel mogelijk beschikbaar zijn en zo snel mogelijk vertaald worden naar productontwikkeling. Mede omdat de levenscyclus van het product korter wordt, wordt de concurrentiepositie van veel bedrijven steeds meer bepaald door het vermogen om sneller nieuwe producten op de markt te zetten. Een grotere flexibiliteit van de werkprocessen en een meer flexibele inzet van mensen en middelen is vereist, wat betekent dat ook de informatievoorziening flexibeler moet worden.

Toenemend kwaliteitsbewustzijn

Het toenemende kwaliteitsbewustzijn is mede een gevolg van de sterkere marktgerichtheid van organisaties. Wensen van klanten moeten niet alleen boven water komen, maar deze informatie moet ook terechtkomen bij de juiste functionarissen en vertaald worden in verbeteringen. De kwaliteitsgedachte speelt niet alleen bij externe contacten. Ook binnen het bedrijf dient een constante feedback over de kwaliteit van de (tussen-)producten en de processen te zijn, vertaald in verbeteringen. In veel organisaties zien we dat de sterke marktgerichtheid en het toenemende kwaliteitsbewustzijn tot uiting komt in kwaliteitsprojecten en het hierdoor verkrijgen van ISO-certificering. Uiteraard stellen deze kwaliteitsprojecten hoge eisen aan de informatievoorziening.

Partnerships

Fusies, strategische samenwerkingsverbanden en joint ventures bepalen tegenwoordig het gezicht van de markt. Noodzakelijke synergie en schaalvoordelen, zoals de mogelijkheid van het bundelen van expertise en kostenreductie en het verkrijgen van een betere concurrentiepositie, dwingen bedrijven tot partnerships. Deze samenwerkingsverbanden stellen hoge eisen aan de informatievoorziening voor en tussen de verschillende partners. Zeker in het geval van fusies is het op één lijn brengen van de informatievoorziening een complex en tijdrovend traject.

Procesgericht denken

In het kader van het procesgericht denken worden op dit moment veel 'business process redesign' projecten gestart met als doelstelling om door het volledig herontwerpen van vaak functioneel georiënteerde bedrijfsprocessen te komen tot een radicale prestatieverbetering in termen van kwaliteit, kosteneffectiviteit, snelheid en flexibiliteit. Met name de mogelijkheden van de moderne informatietechnologie zijn hierbij onmisbaar. Voor de informatievoorziening betekent dit vrijwel altijd dat deze volledig opnieuw moet worden opgezet, hetgeen leidt tot grootschalige en (meestal ook) langdurige projecten op dit gebied.

1.3 Technologische veranderingen op IT-gebied

Er is een zeer duidelijke wisselwerking tussen ontwikkelingen vanuit de IT-branche zelf (zowel op het gebied van technologie alsook op het gebied van software-ontwikkeling) en de hierboven beschreven bedrijfskundige ontwikkelingen. Vaak is de technologie een middel om de

vereiste veranderingen mogelijk te maken en op gang te helpen, anderzijds werkt de vraag uit de verschillende organisaties als katalysator op
de technische ontwikkelingen. Voorbeelden zijn:

Client/server — Wanneer er gebruik wordt gemaakt van client/server-technologie kunnen veel afhandelingen voor de gebruiker op de werkplek (op PC-ni-
veau) gebeuren, terwijl de gemeenschappelijk benodigde gegevens en
eventueel programma's centraal beschikbaar zijn. Hierbij worden de
voordelen van de traditionele mainframe-computer zoals beheersing en
besturing, gecombineerd met de voordelen van de PC met zijn veelal
gebruikersvriendelijke (grafische) gebruikers-interface. Client/server
biedt hiermee de technische mogelijkheden voor gecoördineerde decen-
tralisatie.

Netwerken en — Communicatie wordt steeds meer erkend als vitaal element om tot syn-
communicatie — ergie te komen. Dit geldt niet alleen voor computers onderling, maar
vooral tussen mensen binnen organisaties. Een goed geëquipeerde net-
werkinfrastructuur vormt letterlijk de basis om systemen en mensen met
elkaar te laten communiceren en te laten samenwerken. Gedistribueerde
gegevensverwerking, coöperatieve systemen en client/server-opzet die
daarbij komen kijken leggen een zware claim op een goed functionerend
netwerk.

Infrastructuur — Decentraal georganiseerde ondernemingen vereisen een andere inrich-
op maat — ting van de IT-infrastructuur in vergelijking met centraal bestuurde
ondernemingen. De bedrijfsvoering is het meest gebaat bij een IT-inrichting die nauw aansluit bij de inrichting van de (administratieve)
organisatie ('rightsizing'). De intrede van client/server-technologie
bracht deze gedecentraliseerde IT-inrichting binnen handbereik. Het
overzetten van zware, op een mainframe-omgeving draaiende applicaties naar een client/server-omgeving wordt ook wel aangeduid met de
term 'downsizing'.

Workflow — Een workflow management systeem bewaakt de voortgang van het
management — geautomatiseerde bedrijfsproces. Het workflow-systeem kan zodanig
worden ingericht dat zowel een klantgerichte front-office met een productgerichte back-office configuratie kan worden geïntegreerd. Hierdoor wordt een integrale besturing en beheersing van processen op
bedrijfsniveau geïntroduceerd. Concreet betekent dit dat het workflow-
systeem ervoor zorgt dat een geautoriseerde gebruiker op het juiste mo
ment over de juiste en volledige informatie beschikt om een bepaalde
taak in het bedrijfsproces uit te voeren.

Pakket-
oplossingen

Naast de bekende standaardpakketten zoals die al enige tijd op de markt aanwezig zijn, en die de gebruikers dwingen om op een 'standaard' manier te werken, zijn er inmiddels een aantal sterk parametriseerbare pakketten waarmee de gewenste functionaliteit kan worden 'ingesteld'. Een voordeel hiervan is de flexibiliteit die de gebruiker wordt geboden; nadelen zijn dat de implementatietijd aanzienlijk langer wordt en dat de exploitatiekosten sterk toenemen (door de complexiteit van het pakket en de in te stellen parameters wordt de belasting voor het systeem aanzienlijk verhoogd).

1.4 Wat betekent dit voor de IT-projecten van nu en morgen?

Uit de beschreven bedrijfskundige en technologische veranderingen blijkt duidelijk dat de rol van de informatievoorziening sterk aan het veranderen is. In een groot aantal gevallen is informatievoorziening veel meer dan uitsluitend een hulpmiddel en kan gezien worden als een strategisch 'productiemiddel'. De verantwoordelijkheid voor de besturing en de beheersing van IT verschuift van het automatiseringsmanagement naar het lijnmanagement en soms zelfs naar het topmanagement, moderne technologieën worden ingevoerd en de rol van de gebruiker bij het ontwikkelen van nieuwe informatievoorzieningen wordt steeds prominenter.

Kortom, het jarenlang gehanteerde credo 'eerst organiseren en dan automatiseren' verschuift naar 'organiseren en tegelijkertijd automatiseren'.

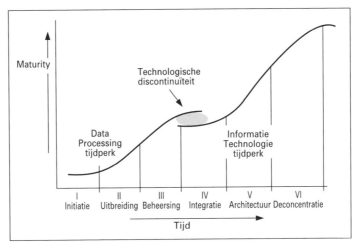

Figuur 1.2.   De Nolan-curve.

Deze ontwikkelingen waren reeds voorzien en zijn uitgebreid beschreven in de fasetheorie van Nolan. Hierin wordt onderscheid gemaakt tussen het 'data processing tijdperk' en het 'informatietechnologie tijdperk' (zie figuur 1.2). In het data processing tijdperk heeft IT grotendeels de rol van hulpmiddel en beheersinstrument, aangestuurd door de automatiseringsafdeling en de informatiemanager met beperkte gebruikersparticipatie. In het informatietechnologie tijdperk groeit IT naar de rol van verbeterinstrument en strategisch wapen, onder verantwoordelijkheid van het decentrale management en met proactieve gebruikersinbreng.

Uit een onlangs in Nederland gehouden onderzoek (prof. dr. R.L. Nolan en ing. W.J.D. Koot, 1992) blijkt dat veel organisaties op dit moment in de overgangsfase naar het informatietechnologietijdperk zitten. Deze overgangsfase kenmerkt zich door noodzakelijke grootschalige IT-aanpassingen. Oude, starre, vaak moeilijk onderhoudbare informatiesystemen moeten door flexibele applicaties worden vervangen en een nieuwe IT-infrastructuur moet worden ingericht. Met name deze overgang is de uitdaging waar veel organisaties in de komende jaren voor staan!

Hoewel er uiteraard nog steeds IT-projecten zullen blijven die als doelstelling vermindering van arbeid hebben door middel van automatisering van bestaande werkprocessen, impliceert deze overgangsfase dat er steeds meer IT-projecten ontstaan die een combinatie zijn van de volgende drie aspecten (zie ook figuur 1.3):

- (her)ontwerpen en inrichten van de bedrijfsprocessen en de daarbij behorende (administratieve) organisatie;
- ontwerpen, realiseren en implementeren van informatiesystemen en de daarbij behorende technische infrastructuur;
- (her)inrichten van de personele organisatie en het begeleiden van het daarbij behorende veranderingsproces.

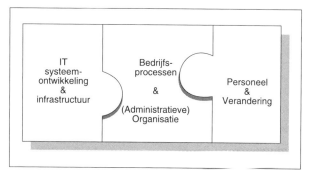

Figuur 1.3.   Integrale elementen van IT-projecten.

Deze drie aspecten zijn onlosmakelijk met elkaar verbonden en vereisen zowel een integrale aanpak alsook integraal projectmanagement.

1.5   Typen IT-projecten

Uit het voorgaande mag duidelijk zijn dat er geen uniforme succesformule bestaat voor de aanpak en het management van IT-projecten. Immers, een IT-project dat als doelstelling heeft om bestaande werkprocessen efficiënter te laten verlopen, vereist een geheel andere aanpak en management dan een integraal project dat de drie hierboven genoemde aspecten bevat.

Om de aanpak en het management van een IT-project goed te kunnen laten aansluiten op de verschillende aspecten van zo'n project, en de risico's te minimaliseren, maken wij onderscheid tussen vier verschillende typen IT-projecten (zie figuur 1.4).

Deze typen zijn:

1. IT als 'hulpmiddel';
2. IT als 'beheersinstrument';
3. IT als 'verbeterinstrument';
4. IT als 'strategisch wapen'.

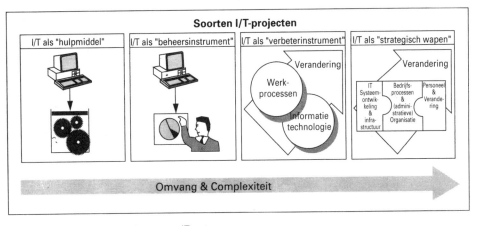

Figuur 1.4.   De verschillende soorten IT-projecten.

Als we de relatie leggen van deze vier typen projecten met de Nolan-curve, past het type 'IT als hulpmiddel' het best bij de initiatie- en uitbreidingsfase, het type 'IT als beheersinstrument' bij de beheersingsfase, het type 'IT als verbeterinstrument' in de integratiefase en het type 'IT als strategisch wapen' in de architectuur- en deconcentratiefase. Maar ook in de architectuur- en deconcentratiefase kunnen alle vier typen projecten voorkomen.

Hieronder worden de verschillende typen nader toegelicht.

1.5.1 IT als 'hulpmiddel'

Bij de allereerste toepassingen van IT werd IT puur als hulpmiddel gebruikt om bestaande werkprocessen efficiënter te laten verlopen. Denk hierbij aan het automatiseren van 'kaartenbakken' en vergelijkbare administratieve processen. Bij dit type IT-project wordt in het algemeen uitgegaan van bestaande werkprocessen en organisatorische structuren. Al snel werd duidelijk dat het verbeteren van de kwaliteit van de werkprocessen (denk hierbij aan de betrouwbaarheid van gegevens) een belangrijk neveneffect van dit type automatisering is. Hoewel we vaak geneigd zijn dit type projecten als 'ouderwets' te beschouwen, komt dit soort projecten toch nog regelmatig voor, bijvoorbeeld bij verschillende technische automatiseringsprojecten.

Een voorbeeld | *Marktanalyse op de werkplek*
Proces: | Handmatige analyse en verwerking van marktgegevens.

Oude knelpunten: | – Te veel tijd nodig voor gegevensanalyse,
  | te veel handwerk en te complex;
  | – Vervelend werk;
  | – Moeilijk om trends te ontdekken;
  | – Geen overdraagbare informatie.

Oplossing: | Inzet van een PC op de (decentrale) werkplek met goede marketingfaciliteiten.

Nieuwe prestatie: | Tijdsbesparing van vier uur per dag. Deze uren worden besteed aan nieuwe taken, waardoor meer afwisseling is ontstaan. De analyse en verwerking is leuker geworden. Naar het management toe is de informatievoorziening verbeterd, waardoor beter op de wensen van de klant kan worden ingespeeld.

1.5.2 IT als 'beheersinstrument'

Bij het tweede type IT-project wordt IT naast hulpmiddel tevens als 'beheersinstrument' gebruikt. Bij dit type projecten worden losse toepassingen op afdelingsniveau dan wel geïntegreerde systemen ontworpen en gerealiseerd. Voor dit type IT-projecten zijn met name de methoden zoals SDM ontworpen en hebben hierbij een nuttige rol vervuld.

Deze projecten ontstaan vaak door een onvrede van de organisatie met de bestaande informatievoorziening, bijvoorbeeld informatiesystemen die oud, ongedocumenteerd en daardoor slecht onderhoudbaar zijn, hetgeen tot uiting komt in klachten over de IT-afdeling die er zo lang over doet om 'simpele' aanpassingen door te voeren.

Voor het realiseren van deze projecten zijn er twee stromingen:

- *het echte maatwerktraject*: hierbij wordt langs de as van bestaande werkprocessen en organisatiestructuren volledig volgens de wensen van de gebruiker geautomatiseerd. Na een veelal complex en langdurig project wordt meestal toch niet het verwachte resultaat opgeleverd;
- *het pakketselectie en -implementatietraject*: hierbij wordt een pakket geselecteerd dat voor circa 80% op de organisatie moet aansluiten, waarbij het pakket in het algemeen wordt ingesteld conform de bestaande bedrijfsprocessen. Mits er voldoende rekening wordt gehouden met het aanpassend vermogen van de organisatie, kunnen deze projecten qua doorlooptijd en kostenbeheersing veelal redelijk lopen. Toch kunnen deze pakketten slechts bij een beperkt aantal bedrijven succesvol worden toegepast. Gezien de huidige turbulente omgeving zijn pakketten vaak een soort 'harnas' waarbinnen toekomstige eisen en wensen van de organisatie vaak slecht kunnen worden ingepast.

Een voorbeeld	*Budgettering en beheersing op de afdeling bouwprojecten*
	Proces: Budgettering en bewaking van de uitputting op basis van de vastlegging van de verplichtingen en bestedingen.
	Oude knelpunten: – Mainframe-toepassingen niet flexibel genoeg om verplichtingen te registreren en bestedingsgegevens op tijd te leveren; – Geen informatie over budgetuitputting, geen beheersing van projecten.
	Oplossing: Ontwikkeling van een financieel model, gestimuleerd door de inzet van gebruikersvriendelijke programmatuur en PC's. Verwerking van financiële gegevens op PC's met gebruik van factureringsgegevens van het mainframe.

Nieuwe prestatie: Op middenmanagementniveau krijgt men betere informatie om operationele besluiten te nemen en prioriteiten over projecten te wijzigen. Er vindt optimale benutting van het budget plaats. Bij het topmanagement kan betere budget-allocatie plaatsvinden.

1.5.3 IT als 'verbeterinstrument'

Een aanleiding voor dit type projecten is vaak de onvrede van de organisatie om de gewenste procesverbetering met de bestaande informatiesystemen te realiseren.

Bij IT-projecten 'IT als verbeterinstrument' wordt, over het algemeen binnen bestaande organisatiestructuren, naast het ontwikkelen van nieuwe IT-systemen grondig gekeken naar de opbouw van de verschillende processen per afdeling. Doelstelling is om met de mogelijkheden van IT als achtergrond, de bestaande bedrijfsprocessen te verbeteren, te stroomlijnen of soms zelfs volledig te herontwerpen.

Een voorbeeld   *Besturing en administratieve verwerking van een handelsonderneming*

Processen: Op operationeel niveau: planning, transactieverwerking, facturering en afrekening, beheer van prijzen en tarieven en relatiegegevens.

Op tactisch en strategisch niveau: marketing en planning.

Oude knelpunten: − Verouderde mainframe-toepassingen;

− Redundantie in gegevens;

− Geen hulpmiddelen/informatie voor aansturing van de operationele processen, waardoor goede aansturing van personeel niet mogelijk was;

− Geen uniform gezicht naar de klant.

Oplossing: Nieuwe transactieverwerkende systemen en management-informatie op nieuwe apparatuur, waarbij parallelle ontwikkeling van nieuwe methodieken en werkprocessen heeft plaatsgevonden.

Nieuwe prestatie na invoering: − Uniforme en klantgerichte afspraken mogelijk met leveranciers en afnemers;

− Uniforme werkmethodieken en goede aansturing mogelijk;

− Snellere verwerking van gegevens;

− Minder administratieve ondersteuning nodig in de binnendienst;

− Nieuwe, beter onderhoudbare systemen.

Feitelijk is het niet meer juist om deze verbeteringsprojecten IT-projecten te noemen, daar dit typische combinatieprojecten zijn voor de administratieve organisatie-discipline, die zich van huis uit bezighoudt met de inrichting van de organisatie en haar werkprocessen, en de IT-discipline.

Daarnaast is de impact van dit type project op de gebruikersorganisatie meestal groot. Immers, het verbeteren of soms zelfs herontwerpen van bedrijfsprocessen betekent voor de eindgebruikers in de meeste gevallen een grondige verandering van hun dagelijkse werk en mentaliteit. Dit betekent dat naast de aandacht voor opleiding, training en begeleiding, nu in een veel eerder stadium een voorbereiding op de toekomstige werksituatie noodzakelijk is. Daarnaast moeten het algehele veranderingstraject en de eventueel noodzakelijke cultuurverandering begeleid worden. In organisaties die van huis uit niet zo gewend zijn aan regelmatige veranderingen, zien we vaak dat deze activiteiten een grotere doorlooptijd kennen dan de IT-activiteiten voor de realisatie van het nieuwe informatiesysteem. De aanpak van deze problemen kan feitelijk uitsluitend vanuit de personele en veranderingsdeskundigheid van de lijnmanager worden opgelost.

Ook aan het projectmanagement worden bij dit type IT-project geheel andere eisen gesteld. Was het bij het type IT als beheersinstrument nog zo dat het projectmanagement goed door een IT-professional (met adequate managementcapaciteiten) kon worden uitgevoerd, bij dit type IT-project worden aan de projectmanager en de lijnmanager zeer hoge eisen gesteld. Hij moet beschikken over de vereiste managementvaardigheden, hij moet zowel sturing kunnen geven aan de procesverbeteraars, de IT-deskundigen en de begeleiders van het veranderingsproces, bovendien moet hij de door de verschillende disciplines uitgevoerde activiteiten kwalitatief bewaken. Als extra complicerende factor in de planning & control komt daar nog bij dat de verschillende activiteiten ook integraal gemanaged dienen te worden. Nieuwe werkprocessen kunnen immers niet werken zonder adequate organisatie en meestal ook niet zonder passend IT-systeem.

1.5.4 IT als 'strategisch wapen'

IT-projecten waarbij IT als strategisch wapen wordt gebruikt komen feitelijk alleen voor in die organisaties die zich zeer fundamenteel afvragen hoe IT gebruikt kan worden om de totale organisatie te verbeteren. De aanleiding voor dit type projecten is vrijwel altijd de druk op de organisatie om te komen tot betere afstemming op de marktvraag en tegemoet te komen aan marktkansen en bedreigingen.

Dit leidt vaak tot grondige 'Business Process Redesign' projecten, waarbij men begint om de verschillende bedrijfsprocessen vanuit de strategische doelstelling van de organisatie opnieuw op te zetten, sterk rekening houdend met de mogelijkheden die het gebruik van IT biedt. Op basis daarvan wordt een nieuwe organisatiestructuur opgezet en een nieuwe IT-blauwdruk afgeleid. Het project dat hierna volgt om zowel een (grotendeels) nieuwe personele organisatie op te zetten, de bedrijfsprocessen opnieuw in te richten alsook de hierbij behorende nieuwe IT-systemen op te zetten en te realiseren mag feitelijk niet meer het label IT-project dragen, maar is veel meer een 'transformatieproject'.

Een voorbeeld	*Totale vernieuwing van een pensioenbedrijf in een heroriëntatie op de markt*
Processen/ organisatie:	Vanuit concrete doelstellingen van de organisatie zijn op alle niveaus in de organisatie (operationeel, tactisch, strategisch) alle soorten processen aangepast, inclusief bijbehorende organisatie.
Oude knelpunten:	– Onvoldoende zorg op maat, geen flexibiliteit; – Geen marktgerichte organisatiestructuur; – Verouderde systemen.
Oplossing:	– Resultaatverantwoordelijke eenheden in een marktgerichte organisatiestructuur; – Ontwerp van een totaalarchitectuur van organisatie en systemen.
Nieuwe prestatie na invoering:	– Pensioenaanspraken op maat; – Duidelijke communicatie naar klant; – Beter onderhoudbare systemen.

Een behoorlijk aantal van dit type projecten bevindt zich momenteel in de opstartfase bij organisaties die te kenmerken zijn met het wat oneerbiedige label 'administratiefabriek', zoals verzekeringsbedrijven en pensioenbedrijven. Hoewel er nog weinig over de afronding bekend is, kan wel al gezegd worden dat, op basis van process redesign en de introductie van workflow management, zowel de externe oriëntatie als de efficiency van de bedrijfsvoering sterk wordt verbeterd.

In het nevenstaande overzicht worden nogmaals de belangrijkste karakteristieken van de verschillende typen IT-projecten weergegeven.

	IT als hulpmiddel	IT als beheersinstrument	IT als verbeterinstrument	IT als strategisch wapen
Doelstelling	Efficiency-verbetering	Verbetering van de informatievoorziening Verbetering van bedrijfsprocessen en informatievoorziening	Structurele verbetering van de bedrijfsvoering	
Schaalgrootte	Klein	Middelgroot	Groot	(Zeer) groot
Doorlooptijd	Kort, maximaal 1 jaar	Middellang, 1 à 3 jaar	Lang, 2 à 4 jaar	(Zeer) lang, 3 à 7 jaar
Integratie	Losse toepassingen op taakniveau	Geïntegreerd minimaal op afdelingsniveau	Geïntegreerd op afdelingsniveau/ bussiness unitniveau	Geïntegreerd op business unit/ bedrijfsniveau
IT-Complexiteit	Gering	Meestal redelijk groot	Kan redelijk groot zijn	Groot
Organisatorische en sociale complexiteit	Gering	Incidenteel aanwezig, doch meestal beperkt	Groot	(Zeer) groot
Rol van de gebruikers	Geringe betrokkenheid	Betrokken bij de specificaties en acceptatie	Actieve participatie vereist	Gebruiker heeft rol als 'analist' en 'ontwerper'
Rol van het management	Gering, uitsluitend budgettair	Gering, meestal budgettair	Actief sponsorship vereist	Management moet het project zelf trekken
Implementatie	Eenvoudig	Enigszins complex	Complex	(Zeer) complex
Faalkans	Klein	Matig	Groot	(Zeer) groot
Faalkosten	Beperkt	Kunnen hoog zijn	Hoog	Extreem hoog

2 Projectmanagement van integrale IT-projecten

Ir. A. van Buuren MBA, ir. M.W. La Haye

2.1 Inleiding

In het vorige hoofdstuk is geschetst dat IT-projecten steeds complexer worden als gevolg van bedrijfskundige en technologische ontwikkelingen. In tegenstelling tot de meer 'traditionele' IT-projecten waarbij vrijwel alleen sprake was van het ontwikkelen van informatiesystemen, zijn de hedendaagse IT-projecten steeds vaker een combinatie van de volgende drie aspecten:

- (her)ontwerpen en inrichten van de bedrijfsprocessen en de daarbij behorende (administratieve) organisatie;
- ontwerpen, realiseren en implementeren van informatiesystemen en de daarbij behorende technische infrastructuur;
- (her)inrichten van de personele organisatie en het begeleiden van het totale veranderingsproces.

Uiteraard is het sterk afhankelijk van het soort IT-project in welke mate de hierboven genoemde drie componenten voorkomen. Met name in de typen 'IT als verbeterinstrument' en 'IT als strategisch wapen' komen de drie componenten integraal voor.

Het zijn dan ook met name de laatstgenoemde typen IT-projecten die in de praktijk vele valkuilen kennen en uitermate moeilijk te managen zijn. Uit ervaringen gebundeld in een internationale benchmark is gebleken dat meer dan 50% van alle IT-projecten in een 'runaway'-situatie terecht kwam, waarbij of de geplande tijd of de geplande kosten met meer dan 50% werden overschreden. En van al die projecten werd zelfs 10% nooit daadwerkelijk geïmplementeerd!

De oplossing hiervoor is niet het ogenschijnlijk simpele besluit om dan dit soort projecten maar niet uit te voeren. Immers, in bijna alle organisaties is IT tegenwoordig een essentiële 'productiefactor' en betekent het niet uitvoeren van deze IT-projecten dat je op achterstand ten opzichte van de concurrentie komt. Er is dus sprake van een soort van 'risicoparadox', ondanks de daaraan verbonden risico's moeten organisaties dit soort projecten uitvoeren!

In dit hoofdstuk worden de belangrijkste valkuilen aangegeven voor die projecten waarbij IT of als verbeterinstrument of als strategisch wapen wordt gebruikt. In de opsomming van valkuilen zijn de wat bekendere valkuilen op het gebied van projectmanagement niet genoemd omdat deze bij de lezer bekend worden verondersteld. Met name bij die valkuilen die als minder bekend worden verondersteld of waarover onlangs nieuwe inzichten zijn ontstaan, wordt een uitgebreide toelichting gegeven en worden de daarbij behorende remedies besproken. Een lijst met valkuilen is echter nooit volledig, in ieder project kunnen nieuwe valkuilen aan de orde zijn!

Door in de loop van een project alle mogelijke valkuilen in de gaten te houden en deze zoveel mogelijk te vermijden wordt de slaagkans van een project aanzienlijk vergroot. In de praktijk blijkt dit echter toch nog vaak onvoldoende te zijn. In paragraaf 2.4 wordt daarom risicomanagement als belangrijk hulpmiddel tegen het uit de hand lopen van projecten gepositioneerd en toegelicht.

2.2 Raamwerk

Gezien de omvang en complexiteit van de lijst met valkuilen is het handig om voor de indeling hiervan een raamwerk te gebruiken (figuur 2.1). Ditzelfde raamwerk geeft tevens aan in welke richting de remedies gezocht moeten worden en wordt ook gebruikt als kapstok voor de in paragraaf 2.4 beschreven aanpak voor risicomanagement.

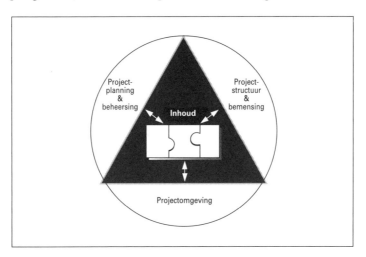

Figuur 2.1.   Het raamwerk voor valkuilen en risicomanagement.

Centraal in het raamwerk staat de 'inhoud' van het project. En deze inhoud bevat uiteraard wederom het puzzeltje met alle drie componenten van complexe IT-projecten: bedrijfsprocessen & organisatie, informatiesystemen & infrastructuur en personeel & veranderingsproces.

De andere drie delen van het raamwerk die in de buitenste schil zijn opgenomen hebben een directe wisselwerking met de inhoud. Het onderste gedeelte bevat met name die aspecten waarbij de relatie tussen het project en de omgeving zijn opgenomen. Met projectomgeving wordt hierbij zowel de directe omgeving van het project bedoeld waarbij met name de doelstelling en het aansluiten bij de strategie en de denkbeelden van het topmanagement van belang zijn, als de buitenwereld, waarbij gedacht moet worden aan de veelal snel veranderende externe omgeving van organisaties en de consequenties daarvan.

De linker en rechter buitenste schil zijn met name de intern gerichte projectmanagement-aspecten, gesplitst in een gedeelte gericht op de planning & beheersing van het project en een gedeelte dat gericht is op de structuur & bemensing van de projectorganisatie. In dit stuk projectorganisatie wordt een duidelijk onderscheid gemaakt tussen de 'harde' aspecten zoals structuur, ervaring, enzovoort en de 'zachte' aspecten zoals leiderschapsstijl, manier van communicatie, samenwerking, enzovoort.

2.3 Valkuilen en remedies

De valkuilen zijn gesplitst naar de onderdelen van het behandelde raamwerk. Per onderdeel wordt een overzicht gegeven van de belangrijkste valkuilen. Vervolgens worden de cursief gedrukte valkuilen verder toegelicht en worden mogelijke remedies behandeld.

2.3.1 Projectomgeving

Overzicht valkuilen 'projectomgeving'
- Doelstelling van het project is onduidelijk
- Project sluit niet aan bij de strategie van de onderneming
- *Verloop in het management*
- Visie van het management verschuift
- Onvoldoende sponsorship van het management
- *Onvoldoende antwoord op ontwikkelingen in de omgeving*

Verloop in het management

De ervaring leert dat een verandering van sleutelpersonen in een organisatie een tweetal effecten heeft. Ten eerste vindt vaak een aanpassing of zelfs een herdefiniëring van de strategie van de organisatie plaats. Daarnaast is er ook zeer vaak sprake van wijzigingen van de personele bezetting van medewerkers in de nabije omgeving van het management. De impact van deze twee effecten op het project kan enorm zijn. Immers, door het wijzigen van de strategie kan de doelstelling van de organisatie of de manier waarop daaraan invulling wordt gegeven belangrijk wijzigen. Hierdoor kan ook de doelstelling van het project ter discussie komen te staan of een andere invulling behoeven.

Remedies hiervoor zijn niet eenvoudig te geven. Immers de projectmanager heeft geen invloed op de invulling van de managementposities. Wel is het voor de projectmanager van groot belang deze valkuil tijdig te onderkennen omdat anders bijna 'automatisch' een aantal andere valkuilen ontstaat, zoals 'project sluit niet aan bij de strategie van de onderneming' of 'doelstelling van het project wordt niet gedragen', enzovoort. In sommige situaties kan het verstandig zijn het project (tijdelijk) stil te leggen!
Veel kan worden bereikt door de nieuwe beslissers zo vroeg mogelijk te informeren over en te interesseren voor het project opdat niet-noodzakelijke wijzigingen voorkomen worden en noodzakelijke wijzigingen vroegtijdig op hun consequenties kunnen worden beoordeeld.

Onvoldoende antwoord op ontwikkelingen in de omgeving

Te vaak zijn projecten die verbeterinstrument of strategisch wapen als doel hebben te sterk intern gericht. Frequent wordt verzuimd de beoogde doelstellingen af te stemmen met bestaande marktpartijen. Vanwege de doorlooptijd van dit soort projecten is het tevens van belang niet alleen de bestaande situatie in de markt te beschouwen doch ook de dynamiek daarvan. Gebeurt dit niet of onvoldoende dan riskeert men de situatie dat het bereikte resultaat uitstekend past bij de situatie van een aantal jaren eerder. Voorbeelden, waarbij dit soort effecten te verwachten zijn, zijn:

- de veranderende regelgeving op milieu en sociaal-economisch gebied: het realiseren van inflexibele systemen op bestaande regelgeving,
- veranderende markteisen op logistiek gebied: een gesloten systeem realiseren terwijl de beschikbaarheid van gegevens voor afnemers in toenemende mate wordt gevraagd.

Ontwikkelingen zijn inherent aan de situatie waarin een project zich bevindt en kunnen als zodanig niet worden beïnvloed. De remedie is dus om alert te zijn, de ontwikkelingen die betrekking hebben op de doelstelling van een project te volgen en op gezette tijden de mogelijke invloed hiervan te evalueren. Indien dit soort ontwikkelingen verwacht kunnen worden, is het verstandig deze in de beoordeling van het oorspronkelijke projectvoorstel te betrekken en daarvoor een aparte reservering te maken.

2.3.2   Inhoud

Overzicht valkuilen 'inhoud'
- *Project niet integraal aangepakt*
- Project te ambitieus opgezet
- *Impact van de verandering in de organisatie onderschat*
- *Inhoud van het project wordt steeds groter*
- Implementatiestrategie niet goed uitgewerkt
- Te weinig aandacht voor acceptatie en opleiding
- Te weinig rekening gehouden met de cultuur van de organisatie
- Te laat aandacht voor het opzetten van de administratieve organisatie
- Technology niet goed gekozen
- Alleen aandacht voor veranderingsmanagement tijdens het invoeringstraject

Project niet integraal aangepakt

Met name in die projecten waarbij IT als verbeterinstrument of als strategisch wapen wordt gebruikt is het van essentieel belang dat het project inhoudelijk integraal wordt aangepakt. In hoofdstuk 3 wordt de methode voor integrale aanpak en de manier waarop deze methode doeltreffend kan worden gebruikt uitgebreid behandeld.

Impact van de verandering in de organisatie onderschat

De uitvoering van integrale projecten heeft vrijwel altijd aanpassingen in de werkwijze van de betrokken medewerkers ten gevolge en roept daarmee vaak weerstand op. Deze weerstand kan zich zowel manifesteren op de werkvloer, ten gevolge van wijzigingen in taken, als bij het management, ten gevolge van wijzigingen in verantwoordelijkheden en bevoegdheden. Daarnaast kan, met name bij het projecttype 'IT als strategisch wapen', tevens weerstand worden opgeroepen wegens de beoogde verandering in gedrag, normen en waarden. Een gestructureerde aanpak van het door te voeren veranderingstraject blijkt van grote invloed te zijn op de wijze waarop medewerkers de veranderingen doormaken en accepteren. Daarom is het voor een succesvolle afronding van complexe IT-projecten van essentieel belang een gestructureerde aanpak te gebruiken en daarmee in een vroegtijdig stadium van het project te starten.[1]

Naast optredende weerstand ten gevolge van geplande veranderingen dient ook rekening te worden gehouden met de personele gevolgen. Dreigende reorganisaties kunnen voor een aantal medewerkers het verlies van hun arbeidsplaats betekenen. Hierdoor kan de vereiste gebruikersbetrokkenheid aanzienlijk aan kwaliteit inboeten. Van belang is het hierbij de betrokken medewerkers zoveel mogelijk duidelijkheid over hun positie te geven en bij de inzet van medewerkers zoveel mogelijk rekening te houden met dit effect.

Inhoud van het project wordt steeds groter

Een belangrijke oorzaak van de uitloop van projecten in zowel doorlooptijd als budget is de toename in de omvang van het project. De belangrijkste reden hiervoor is dat op het moment dat de eerste raming van de omvang gemaakt wordt (meestal in een van de eerste fasen van het project) er vrijwel altijd sprake is van onderschatting van alle aspecten van een integraal project (dus zowel op het gebied van het structureren van bedrijfsprocessen, de functionaliteit van het IT-systeem en de impact van het veranderingsproces).

De reden hiervoor is eigenlijk heel eenvoudig: de eerste raming wordt meestal gemaakt op basis van zeer globale specificaties van de toekomstige organisatie, de nieuwe werkwijze, de benodigde ondersteuning van IT en de vereiste verandering. En door het globale niveau van deze specificaties wordt meestal geen rekening gehouden met ontbrekende 'functionaliteit' (in alle aspecten) enerzijds en anderzijds wordt de complexiteit onderschat (op een hoog niveau lijkt alles eenvoudig).

Het continu groter worden van de inhoud van een project kan het project als een soort 'zwarte schaduw' achtervolgen. Immers, hoewel de uiteindelijke omvang van het project best reëel kan zijn, moet er met regelmaat naar de stuurgroep teruggegaan worden om een groter projectbudget te verkrijgen en wordt de indruk gewekt dat het project niet onder controle is.

Hoe kunnen deze problemen voorkomen worden? Een eerste remedie is het gebruik van een gestructureerde methode, zoals functiepunten-analyse en procespunt-analyse, die geijkt is voor de organisatie en door de inzet van medewerkers die voldoende ervaring hebben met de me-

---

[1]   Bij KPMG wordt hiervoor een methode gebruikt waarbij zowel het management als de medewerkers betrokken worden.

thode. Daarnaast is de vroegtijdige betrokkenheid van gebruikers van belang en dienen goede review-procedures gebruikt te worden: eerst met de gebruikers en vervolgens door het kwaliteitsteam. Een derde belangrijke remedie is het besteden van voldoende tijd en aandacht aan het maken van een raming van de omvang. Neem bijvoorbeeld eens een klein stukje van het project en probeer dit in detail uit te werken. Hiermee wordt een goed beeld verkregen van ontbrekende functionaliteit en van de complexiteit. En gebruik deze ervaringen om de gehele planning te extrapoleren.

Een geheel andere oorzaak voor de toename van de grootte van het project is de behoefte van de toekomstige gebruikers aan een verregaande optimalisatie en/of innovatie van bedrijfsprocessen, waarbij de ondersteuning van bedrijfsprocessen door geautomatiseerde systemen veel verder gaat dan oorspronkelijk is afgesproken of voorzien. Dit verschijnsel kan een nadelig voortvloeisel zijn van, op zichzelf noodzakelijke, gebruikersparticipatie in het ontwikkelingstraject. Oplossingen hiervoor zijn: duidelijke afspraken over de mate van innovatie, over wel en niet te automatiseren functies, kosten/baten-analyses voor uitbreidingen, de inzet van teamleiders die bij het voortraject betrokken zijn geweest, het opsplitsen van het ontwikkelingstraject in overzichtelijke werkpakketten, het betrekken van midden- en hoger management bij het reviewen van de op te stellen specificaties en het bewaken van de omvang tot op stuurgroepniveau.

2.3.3 Projectstructuur & bemensing

Overzicht valkuilen 'projectstructuur & bemensing'.
- *Kwaliteit van de projectleider is onvoldoende*
- Tegenstelling in belangen tussen verschillende groepen
- Te veel verloop in de projectorganisatie
- Kwaliteit van de projectorganisatie is onvoldoende
- *Te weinig teambuilding*
- Impact van reorganisatie
- Project wordt te snel aan één specialist overgelaten
- Geen goede communicatie naar betrokkenen
- *Project te veel vanuit één discipline aangepakt*
- Overgang projectorganisatie naar staande organisatie niet goed geregeld
- Onvoldoende samenwerking tussen projectorganisatie en staande organisatie
- Adviseur beslist voor de organisatie

Kwaliteit
van de project-
leider is
onvoldoende

Complexe IT-projecten worden vaak geleid door projectmanagers met een achtergrond in informatievoorziening (IV) of automatisering (IT). Een alternatief dat ook gehanteerd wordt is het recruteren van de projectmanager uit de gebruikersorganisatie. De verscheidenheid aan inhoudelijke aspecten, de betrokkenheid van verschillende organisatie-onderdelen en/of organisaties, en het effect op de doelstelling van de eigen organisatie en mogelijk de positionering van de organisatie in de markt, stelt wezenlijk andere eisen aan projectmanagers dan bij de klassieke automatiseringsprojecten.

De projectmanager met een specifieke IV-, IT- of gebruikersachtergrond loopt het gevaar wezenlijke aspecten van integrale projecten onderontwikkeld te laten met als mogelijke gevolgen uitloop in tijd en budget, onvoldoende gebruikersacceptatie en uiteindelijk niet bereiken van de gewenste situatie.

Wat voor kennis en ervaring moet de projectmanager wel hebben? Allereerst uiteraard op inhoudelijk gebied, zowel met het inrichten van organisaties en bedrijfsprocessen, als ook met de IT-component en zeker ook met het begeleiden van veranderingstrajecten. Daarnaast dient de projectmanager zicht te hebben op de overall doelstelling van het project zodat hij, bij afwegingen die tijdens de projectuitvoering worden gemaakt, sturing kan geven aan het besluitvormingstraject waarbij hij een serieuze gesprekspartner voor het senior- en middenkader van de organisatie is. En ten slotte moet hij uiteraard een goede manager zijn en voldoende aanzien in de organisatie hebben.

Eén managementstijl, hoe succesvol ook uitgevoerd, is onvoldoende voor het succesvol uitvoeren van integrale projecten. De variëteit aan typen werkzaamheden waaraan leiding moet worden gegeven varieert daarvoor te sterk. Delen zullen zo vernieuwend zijn dat daar in belangrijke mate vrijheid moet worden gegeven in de uitvoering van de werkzaamheden en er dient rekening te worden gehouden met een grotere variabiliteit in de planning. Andere werkzaamheden zullen zeer voorspelbaar zijn, bijvoorbeeld het geven van opleidingen. De selectie en begeleiding van teamleiders en medewerkers voor deze zo verschillende werkzaamheden vereist de nodige zorgvuldigheid en timing. Onvoldoende aandacht hiervoor leidt tot een suboptimale planning en/of suboptimaal functionerende medewerkers.

Het creëren van goede projectmanagers is geen eenvoudige zaak en dient door organisaties in het management development proces te worden meegenomen. Organisaties waar een voldoende variatie in typen projecten in de organisatie voorhanden zijn, kunnen dergelijke projectmanagers vormen door ze op de verschillende typen projecten in te zetten om zodoende de vereiste veelzijdigheid op te bouwen.

Te weinig teambuilding

Bij projecten wordt vaak beperkt aandacht geschonken aan teambuilding-aspecten. Vaak is dit een beperkt probleem omdat medewerkers, in- of extern, door het project worden ingehuurd voor een relatief korte periode. Vanwege de lengte van integrale projecten zijn de projectmedewerkers vaak langer dan een jaar veelal voltijds bij een zelfde project betrokken. En aangezien bekend is dat de effectiviteit van teams sterk afhankelijk is van de mate waarin en de manier waarop samenwerking plaatsvindt, is het geven van voldoende aandacht aan teambuilding van groot belang. Bij de vorming van teams dient dan gelet te worden op het aanvullend zijn van de verschillende rollen, disciplines, karakters, enzovoort. Een ander belangrijk aspect van teambuilding is het schenken van voldoende personele en persoonlijke aandacht aan de projectmedewerkers. Verder is het van belang dat door het project input word geleverd aan beoordelingsgesprekken van interne en externe medewerkers.

De medewerker wordt hierdoor gestimuleerd omdat hij hierdoor ziet dat zijn positieve inzet ook daadwerkelijk gewaardeerd wordt. Maar ook aspecten zoals een goede communicatie naar alle betrokkenen speelt een zeer belangrijke rol. En tot slot: het is ook belangrijk om zo nu en dan gewoon eens iets leuks, volledig buiten het project, met het projectteam te doen!

Project te veel vanuit één discipline aangepakt

Indien als doelstelling voor de organisatie het project wordt ingezet als verbeterinstrument of als strategisch wapen zullen verschillende afdelingen betrokken zijn. Daarbij bestaat het risico dat een afdeling, veelal waar het oorspronkelijk initiatief voor het project tot stand kwam, dominant in het project aanwezig is. Een voorbeeld hiervan kan de financiële afdeling zijn, waardoor betrouwbaarheid, volledigheid en functiescheiding goed zullen worden geregeld, maar waar aspecten als tijdigheid zoals die voor de betrokken interne en externe logistieke afdelingen essentieel zijn, onvoldoende aan bod komen. Daarmee wordt de positie van het bedrijf in zijn marktsegment bedreigd, omdat men onvoldoende kan inspelen op bijvoorbeeld voorraadminimalisatie en tijdigheidseisen van externe afnemers. Deze onevenwichtigheid kan worden ondervangen door te waken voor een gelijkwaardige inbreng in de werkgroepen van de betrokken disciplines. Dit betreft zowel het niveau van de inhoudelijke inbreng als de positie in de lijn. Indien een voor betrokken partijen aanvaardbaar compromis niet mogelijk is, dient daar in het naasthogere overleg een keuze te worden gemaakt.

Indien alle partijen evenwichtig in het project betrokken zijn, bestaat alsnog het risico dat na aanvang van het project iedere partij zijns weegs gaat en ieder voor zich een ideale (deel-)oplossing bedenkt. Op het moment dat de resultaten worden samengevoegd blijken de oplossingen niet aan te sluiten of zelfs strijdig te zijn. Vanuit een dergelijke positie is het vrijwel onmogelijk om nog tot een adequate oplossing te komen. Dit probleem wordt voorkomen door partijen vroegtijdig met elkaar te laten overleggen. Dergelijk overleg lijkt soms vertragend te werken, maar over het hele project gemeten is het slechts een minimale investering.

2.3.4 Planning & beheersing

Overzicht valkuilen 'planning & beheersing'
- Vooraf vastgestelde einddatum
- Geen rekening gehouden met 'tegenvallers'
- Uitsluitend het IT gedeelte gepland
- *Projectleidersoptimisme*
- Traject gebruikersacceptatie en opleidingen onderschat
- Project uitsluitend tot de implementatiedatum gepland
- *Fasen in het ontwikkelproces worden overgeslagen*
- Planning gebaseerd op 'professioneel gevoel'
- Bewaking vindt plaats op basis van activiteiten, niet op mate van acceptatie
- Doorlooptijd van het project is te lang
- *Te weinig tijd voor reflectie*

Projectleiders-optimisme In de loop van een project worden projectleiders niet zelden geconfronteerd met een voorgestelde wijziging in de aanpak of de omvang van het project. Al te vaak moet dan achteraf worden geconstateerd dat de op dat moment opgestelde planning, voor zover daartoe de gelegenheid wordt geboden, veel te optimistisch blijkt te zijn geweest. Hoe verder in het project hoe groter (relatief gesproken) dit effect. Eenmaal op pad blijkt het moeilijk om realistische schattingen af te geven, vaak overheerst het gevoel: dat doen we er wel even bij, hetgeen dan later (aanzienlijk) blijkt tegen te vallen. Wij noemen dit het projectleidersoptimisme. De remedie is dat de projectleider zich van dit effect bewust is, en op grond daarvan weerstand kan bieden aan niet-realistische wensen vanuit de opdrachtgever. Tevens ligt hier een belangrijke taak voor de stuurgroep niet al te gemakkelijk op basis van een vaak ongefundeerd optimisme (met een nieuwe aanpak en een nieuwe projectleider zal het wel lukken) een positieve reactie van de projectleider te accepteren, en toe te zien op een goed onderbouwde planning om het risico van onderschatting zoveel mogelijk te elimineren.

Fasen in de ontwikkeling worden overgeslagen

Vanwege een sterke behoefte vanuit het management om op zo'n kort mogelijke termijn de doelstellingen van een integraal project te realiseren, ontstaat vaak druk op het project om ontwikkelingsfasen over te slaan. Dit kan zowel gebeuren in het overslaan van ontwikkelingsfasen in de organisatie zelf, ook wel weergegeven in het overslaan van Nolanfasen (zie figuur 2.2), alsook in het overslaan van ontwikkelingsfasen in het project, zoals gedefinieerd in SDM.

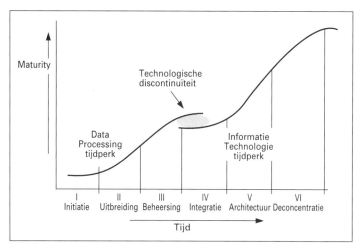

Figuur 2.2.   Nolan-fasering.

Nolan onderkent zes fasen in de ontwikkeling van de organisatie en in de wijze waarop deze organisaties gebruik maken van informatietechnologie. Nolan benadrukt het evenwicht dat dient te bestaan tussen de organisatieontwikkeling en de technologische ontwikkeling. De ervaring heeft geleerd dat het overslaan van één of meer Nolan-fasen een aanzienlijke verhoging van de faalkans van een project met zich mee brengt. Het is derhalve van belang vast te stellen in welke Nolan-fase de organisatie verkeert in het begin van het project en welke Nolan-fase men wenst te bereiken.

Indien een te hoog ambitieniveau wordt vastgesteld, dient serieus een bijstelling hiervan overwogen te worden. Hierbij kunnen dan de technische risico's en veranderkundige risico's worden betrokken.

Alhoewel de wijze waarop informatiesystemen worden ontwikkeld in de loop van de jaren aan verandering onderhevig is, zoals prototyping en evolutionair ontwikkelen, blijft het van essentieel belang onderscheidene fasen in de ontwikkeling te onderkennen. Al te vaak ziet men dat onder tijdsdruk wezenlijke fasen worden overgeslagen. De schijnbare tijdswinst die met het (gedeeltelijk) overslaan van een fase wordt bereikt, wordt weer verloren aan discussie wegens onduidelijkheid in de volgende fase. Zo zal bij het, in SDM- termen ([Uijttenbroek, 1990]) gesproken, weglaten van het basisontwerp na de definitiestudie, veel tijd verloren gaan tijdens het functioneel ontwerp omdat dan de afbakening die tijdens het basisontwerp plaats had moeten vinden alsnog moet gebeuren. Op deze wijze riskeert men tevens problemen zoals omschreven bij inhoud van het project. Argumenten als dat bijvoorbeeld evolutionair ontwerpen een andere aanpak vereist zijn slechts zeer ten dele waar: ook als men een dergelijk traject ingaat zal een goed totaalbeeld vereist zijn om niet in een later stadium met omvangrijke herontwerpkosten geconfronteerd te worden. De remedie hiervoor is om in de voorbereidingsfase vast te stellen welke ontwikkelingsfasen nodig zijn voor het project. Tijdens de uitvoering van het project dienen de projectmanager en de stuurgroep erop toe te zien dat onder tijdsdruk hier niet van afgeweken wordt.

Te weinig tijd voor reflectie Bij de realisatie van projecten wordt wegens tijdsdruk of de (vermeende) duidelijkheid over het beoogde doel (te) weinig tijd ingeruimd voor reflectie. Als resultaat hiervan riskeert men onvolkomenheden in de planning te missen, een vereiste bijstelling van de doelstelling over het hoofd te zien, waarschuwingssignalen te missen, enzovoort, enzovoort. De remedie hiervoor is om de projectleiding eenmaal per 4-6 maanden met het hoger management bijeen te laten komen, los van project- en stuurgroepvergaderingen, waarbij elke partij een kort overzicht geeft van wat hij of zij van het project verwacht. Afhankelijk van de resultaten van de daaropvolgende discussie kunnen of doelstellingen of verwachtingen worden bijgesteld. Een tweede, meer op het project gerichte activiteit, is het halfjaarlijks houden van project-audits. Deze audits dienen als belangrijkste doelstelling te hebben de medewerkers in het project te helpen hun taken nog beter te laten uitvoeren dan ze al deden. De audits dienen onafhankelijk van het project te worden uitgevoerd ter voorkoming van 'tunnelvisie', 'informatie-bias' en andere onbewuste foute beeld- en oordeelsvorming ten aanzien van het desbetreffende project.

Afhankelijk van de beschikbaarheid en/of geschiktheid van interne auditors kunnen deze audits door een interne of externe partij worden uitgevoerd. Ter vermijding van onrust binnen het project dienen deze audits bij voorkeur voorafgaande aan het project in de planning te worden opgenomen en dient het doel daarvan expliciet in het project te worden gecommuniceerd.

2.3.5. Valkuilen naar type IT-project

Het voorkomen van valkuilen is, zoals in de voorgaande subparagrafen reeds geschetst, afhankelijk van het type IT-project. In onderstaande tabel zijn de frequentie van voorkomen en de hoogte van risico gerelateerd aan enerzijds de valkuilen per onderdeel en anderzijds het type IT-project.

		A	B	C	D
Projectomgeving	Doelstelling van het project is onduidelijk	Z/L	V/M	V/H	S/H
	Project sluit niet aan bij de strategie van de onderneming	V/L	V/M	V/H	Z/H
	Verloop in het management	S/L	S/M	V/H	V/H
	Visie van het management verschuift	Z/M	S/M	V/H	S/H
	Onvoldoende sponsorship van het management	V/M	S/M	V/H	S/H
	Onvoldoende antwoord op ontwikkelingen in de omgeving	V/M	V/M	V/H	S/H
Inhoud	Project niet integraal aangepakt	V/L	V/H	V/H	S/H
	Project te ambitieus opgezet	Z/L	S/M	V/H	V/H
	Impact van de verandering in de organisatie onderschat	S/M	V/M	V/H	V/H
	Implementatiestrategie niet goed uitgewerkt	S/M	V/M	V/H	V/H
	Te weinig aandacht voor acceptatie en opleiding	S/M	V/M	V/H	V/H
	Te weinig rekening gehouden met de cultuur van de organisatie	S/M	V/M	V/H	V/H
	Te laat aandacht voor het opzetten van de administratieve organisatie	V/L	S/M	V/H	V/H
	Technology niet goed gekozen	S/H	S/H	S/H	S/H
	Alleen aandacht voor veranderingsmanagement tijdens het invoeringstraject	V/L	V/M	V/H	V/H
Projectstructuur & bemensing	Kwaliteit van de projectleider is onvoldoende	S/H	S/H	V/H	V/H
	Tegenstelling in belangen tussen verschillende groepen	Z/L	S/M	V/H	V/H
	Te veel verloop in de projectorganisatie	Z/L	S/M	S/M	S/H
	Kwaliteit van de projectorganisatie is onvoldoende	S/H	V/H	V/H	V/H

		A	B	C	D
	Te weinig teambuilding	V/L	V/M	V/H	V/H
	Impact van reorganisatie	S/L	S/M	V/H	V/H
	Project wordt te snel aan één specialist overgelaten	V/L	V/M	V/H	S/H
	Geen goede communicatie naar betrokkenen	V/L	V/M	V/H	V/H
	Project te veel vanuit n discipline aangepakt	V/L	V/M	S/H	S/H
	Overgang projectorganisatie naar staande organisatie niet goed geregeld	S/L	S/M	S/H	S/H
	Onvoldoende samenwerking tussen projectorganisatie en staande organisatie	S/L	S/M	S/H	S/H
	Adviseur beslist voor de organisatie	S/L	S/L	S/H	S/H
Planning & beheersing	Vooraf vastgestelde einddatum	V/L	V/M	V/H	V/H
	Geen rekening gehouden met 'tegenvallers'	V/L	V/M	V/H	V/H
	Uitsluitend het IT gedeelte gepland	V/L	S/H	V/H	S/H
	Projectleidersoptimisme	S/L	S/M	S/H	S/H
	Traject gebruikersacceptatie en opleidingen onderschat	S/M	V/M	V/M	V/M
	Project uitsluitend tot de implementatiedatum gepland	V/L	V/L	V/M	V/M
	Fasen in het het ontwikkelproces worden overgeslagen	S/L	S/M	S/H	S/H
	Planning gebaseerd op 'professioneel gevoel'	V/L	V/M	V/H	V/H
	Bewaking vindt plaats op basis van activiteiten, niet op mate van acceptatie	V/L	V/M	S/H	S/H
	Doorlooptijd van het project is te lang	Z/L	S/M	V/M	V/M
	Te weinig tijd voor reflectie	V/M	V/M	V/M	V/M

A = IT als hulpmiddel; B = IT als beheersinstrument; C = IT als verbeterinstrument; D = IT als strategisch wapen

Frequentie van voorkomen: Z = zelden; S = soms; V = vaak

Hoogte van het risico: L = laag; M = middel; H = hoog

2.4 Risicomanagement als remedie tegen het uit de hand lopen van projecten

Uiteraard kan bovenstaande lijst met valkuilen en de daarbij behorende remedies zeer goed helpen bij het voorkomen van het uit de hand lopen van projecten. Met name is het aan te bevelen dat de projectleider met enige regelmaat door de lijst heen loopt en analyseert of zijn project in één van de genoemde valkuilen dreigt te lopen. Er zit echter een nadeel aan deze aanpak: vaak heeft zoals al eerder beschreven de projectleider last van 'projectleidersoptimisme' en is het voor hem uitermate moeilijk om een objectief beeld over de situatie weer te geven en te analyseren welke maatregelen er moeten worden getroffen om bepaalde valkuilen (ook wel risico's genaamd) te vermijden.

De hieronder geschetste aanpak van risicomanagement biedt hiervoor een goede uitkomst.

2.4.1 Wat is risicomanagement?

Feitelijk kan risicomanagement gezien worden als een soort 'moderne' en sterk verbeterde versie van de traditionele project-audit. Van oudsher werd al onderkend dat een buitenstaander vaak veel beter dan het dagelijkse projectmanagement in staat was zich een objectief beeld te vormen van de status van een project. Daarom werd vaak een 'project-audit' uitgevoerd waarbij alle opgeleverde producten en de plannen voor de afronding van het project uitgebreid doorgelicht en beoordeeld werden. Na afloop van zo'n project-audit, die soms wel een aantal maanden in beslag nam werd meestal een project-audit-rapport vervaardigd dat werd overgedragen aan de projectleiding. Dit soort audits kent een aantal essentiële bezwaren, te weten:

- de doorlooptijd is veel te lang; immers, een project is uitermate dynamisch, als een project-audit enige maanden in beslag neemt is het project al vaak weer in een andere fase;
- er is meestal uitsluitend sprake van 'analyse', dat wil zeggen de zwakke producten worden naar boven gehaald en er is weinig aandacht voor het onderzoeken van mogelijkheden ter verbetering;
- vaak wordt de audit beperkt uitgevoerd, ofwel uitsluitend vanuit een projectmanagement-optiek ofwel uitsluitend gericht op de ontwikkelingsproducten;
- de project-audit wordt meestal geïsoleerd van het project uitgevoerd.

Risicomanagement is feitelijk niets meer en niets minder dan het uitvoeren van een project-audit, waarbij een constructieve oplossing is gevonden voor bovenstaande bezwaren.

2.4.2 Het raamwerk van risicomanagement

Het raamwerk dat voor risicomanagement wordt gebruikt is gelijk aan het raamwerk zoals dat in het begin van dit artikel voor de valkuilen is geschetst. Hierbij zijn de aldaar aangegeven gebieden projectomgeving, inhoud, planning & beheersing en projectstructuur & bemensing weer onderverdeeld in hoofd- en subaandachtsgebieden. In deze vergaande opdeling is aldus een analyse mogelijk van een veel groter aantal valkuilen of risico's dan de valkuilen zoals eerder beschreven in dit artikel en wordt aldus het totaalbeeld van het project verbeterd. Ter illustratie is op pagina 44 voor drie delen van het raamwerk een overzicht van de hoofd- en subaandachtsgebieden weergegeven in een gedeelte van de 'staalkaart risicomanagement'.

2.4.3   Hoe voer je risicomanagement uit?

Zoals uit afbeelding 2.3 ook blijkt wordt risicomanagement in een drietal fasen uitgevoerd, te weten:

1. de analysefase waarin alle (potentiële) risico's in kaart worden gebracht; belangrijk in deze fase is dat de activiteiten door onafhankelijke bekwame 'buitenstaanders' worden uitgevoerd (het risicomanagement-team) en dat de doorlooptijd kort is;
2. de ontwerpfase waarin bekeken wordt op welke wijze de gesignaleerde risico's verminderd kunnen worden en maatregelen ter verbetering worden ontworpen; van belang hierbij is dat deze activiteit wordt uitgevoerd door de projectleiding tezamen met het risicomanagement-team;
3. de implementatiefase waarin de ontworpen maatregelen door de projectleiding worden uitgevoerd; de betrokkenheid van het risicomanagement-team is ondersteunend en controlerend.

De analysefase   Zoals al eerder vermeld, is het vermogen om de analysefase in een korte tijd uit te kunnen voeren een zeer belangrijke kritische succesfactor. Immers, het lijkt op een soort van 'schieten op een bewegende olifant', ofwel de situatie is niet van dag tot dag verschillend maar langer dan zo'n twee weken mag de analysefase toch zeker niet duren. Dit lijkt een soort van contradictie omdat het in twee weken onmogelijk is om van een groot project een goed overzicht te krijgen van de kwaliteit van alle producten. De sleutel om deze doorlooptijd te bekorten ligt in een 'procesmatige' aanpak. Analoog aan het Japanse kwaliteitsdenken, waarbij gesteld werd dat als het proces van voldoende kwaliteit was om te komen tot een eindproduct, de kwaliteit van dit eindproduct ook gewaarborgd was, heeft de ervaring aangewezen dat als het proces om een complex IT-project te realiseren van voldoende kwaliteit is de faalkans van zo'n project minimaal is.

Hoofdaandachtsgebied	Subaandachtsgebieden	
Projectomgeving	Projectdefinitie & doelstellingen	- Opdrachtformulering en randvoorwaarden - Doelstellingen van het project - Scope-afbakening & reikwijdte project
	Afstemming op omgeving (strategie, markt, voorschriften/wetgeving)	- Afstemming op veranderingen interne organisatie - Afstemming op veranderingen externe organisatie - Afstemming op de (bedrijfs)strategie - Afstemming op wijzigingen in relatie subcontractors - Relaties/afhankelijkheden met andere projecten/producten
	Managen verwachtingen management	- Managen verwachtingen intern - Managen verwachtingen extern
Projectstructuur en bemensing	Projectorganisatie	- Opzet en inrichting van de projectorganisatie (structuur) - Taken, bevoegdheden en verantwoordelijkheden - Communicatie & besluitvormingsstructuren - Afstemming op staande organisatie (inbedding) - Afstemming projectcultuur met de cultuur van de organisatie
	Projectleiding	- Leiderschapsvaardigheden - People management vaardigheden - Inhoudelijke deskundigheid - Ervaring soortgelijke projecten - Aanzien binnen organisatie
	Projectbemensing (Team)	- Capaciteitsplanning - Kennis en ervaring (deskundigheid) - Motivatie binnen het projectteam - Inzicht in het project - Opleidingsbehoefte binnen projectteam
Projectplanning en beheersing	Projectplanning, beheer & control	- Tijdsplanning - Voortgangsbewaking & bijsturing - Kostenbegroting & budgetering - Budgetbewaking & bijsturing - Documentenbeheer - Wijzigingsvoorstellenbeheer - Versiebeheer
	Kwaliteitsbeheersing	- Opzet & werking kwaliteitssysteem - Uitvoering kwaliteitscontroles - Tussentijds bijstelling kwaliteitsmaatregelen
	Contractmanagement	- Contract onderhandelingen (contractafhandeling) - Contracten & opdrachtbevestigingen - Contract(voortgangs)bewaking - Facturering

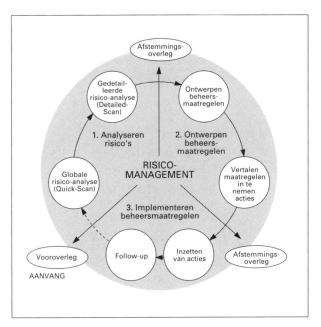

Figuur 2.3. De fasering van risicomanagement.

De analysefase wordt in twee stappen uitgevoerd:

1. Quick scan. Hierbij worden met name de procesmatige aspecten van het IT-project geanalyseerd. Uiteraard worden hierin alle aspecten van de eerder genoemde staalkaart meegenomen. De quick scan vindt in een aantal gevallen plaats op basis van interviews, maar in die gevallen waarbij een groot aantal interviews gehouden zou moeten worden wordt, om een zo kort mogelijke doorlooptijd te realiseren, mede gebruik gemaakt van vragenlijsten die in de organisatie worden uitgezet.

   Aan het einde van de quick scan is er in het algemeen een vrij goed beeld welke 'producten' de vereiste kwaliteit hebben en welke mogelijk hier niet aan voldoen.

2. Detailed scan. In de detailed scan worden die 'producten' die mogelijk niet aan de vereiste kwaliteitscriteria voldoen nader geanalyseerd. In tegenstelling tot de quick scan waarbij grotendeels procesmatig wordt gekeken, vindt tijdens de detailed scan grotendeels productmatige analyse plaats. Voor de goede orde dient nog vermeld te worden dat onder 'product' zowel de inhoudelijke producten (zoals opgeleverde nieuwe werkwijze, communicatieplan, specificaties, enz.) alsook de projectmanagement-producten worden verstaan (zoals planning, kennis en ervaring van de projectorganisatie, enz.).

   Na afloop van de detailed scan is een goed totaalbeeld over het gehele project verkregen.

De korte doorlooptijd van de analysefase wordt dus gerealiseerd door de detailed scan niet voor alle producten te laten uitvoeren, maar slechts voor die producten waarvoor op basis van de quick scan verwacht mag worden dat deze niet aan de kwaliteitscriteria voldoen.

Ontwerpfase

In de vorige fase is bij de analyse van de risico's een concreet beeld ontstaan van de sterke en zwakke kanten van het project. In de ontwerp-fase worden beheersingsmaatregelen ontworpen die vervolgens vertaald worden naar aanbevelingen voor te nemen acties. Deze fase ervaart men doorgaans als het moeilijkste gedeelte van risicomanagement. Daarbij komt de ervaring van de onderzoeker om de hoek kijken.

De ontwerpfase bestaat uit twee stappen:

1. Ontwerpen van beheersingsmaatregelen. Hierbij moet allereerst een goed inzicht bestaan in de mogelijke consequenties van een gesignaleerd risico. Tegelijkertijd moet worden nagedacht over de vraag op welke manier het risico beperkt of zelfs weggenomen kan worden en wat de hierbij te maken kosten zijn. Kortom, het is steeds een kosten/baten-afweging die per risico gemaakt moet worden. Daarom is deze fase ook een nadrukkelijk samenspel van de projectleiding, het verantwoordelijk management en het team dat de analysefase heeft uitgevoerd.
2. Opstellen aanbevelingen. Na het ontwerpen en selecteren worden de noodzakelijke beheersingsmaatregelen vertaald in te nemen acties en wordt er een actieplan opgesteld. Hierbij wordt onderscheid gemaakt in die acties die op korte termijn kunnen worden uitgevoerd en die maatregelen die een meer fundamenteel karakter hebben en een langere doorlooptijd kennen.

Implementatie-fase

De doelstelling van de implementatiefase is uiteraard duidelijk: het opgestelde actieplan moet worden uitgevoerd. Het is aan te bevelen om dit actieplan onder leiding van de projectmanager van het project te laten uitvoeren, eventueel ondersteund door het team dat aan het risicomanagement-onderzoek heeft meegewerkt. Dat is immers de enige manier om ervoor te zorgen dat de gewenste verbeteringen ook daadwerkelijk worden bereikt.

Een tweede onderdeel van de implementatiefase is de follow-up. Het is verstandig om na enige tijd als het gedefinieerde actieplan is uitgevoerd te kijken of de genomen acties ook echt tot de gewenste verbeteringen hebben geleid.

2.4.4 Risicomanagement: hoe lang, hoe vaak, en wat zijn de baten en wat kost het?

Zoals al eerder aangegeven is het een absolute voorwaarde om een risicomanagement-onderzoek zo kort mogelijk te laten duren. In de praktijk, uiteraard enigszins afhankelijk van de grootte en complexiteit van het project, blijkt het zeer goed mogelijk te zijn de analysefase in twee à drie weken uit te voeren en de ontwerpfase in een à twee weken. Te zamen betekent dit dus dat de eerste twee fasen in circa een kalendermaand kunnen worden afgerond.

Risicomanagement is steeds een momentopname van de status en bijbehorende valkuilen (risico's) van het project. Echter, iedere fase van een project kent zijn eigen valkuilen en daarom is het aan te bevelen om risicomanagement vaker dan één keer tijdens het gehele project uit te voeren. De gewenste frequentie is afhankelijk van de voortgang in een project, maar in de praktijk blijkt een frequentie van één keer per zes maanden goed te werken.

De baten van risicomanagement zullen duidelijk zijn: het voorkomen dat het project uit de hand loopt. De kosten zijn over het algemeen zeer klein in relatie tot het totale projectbudget en meestal ook zeer klein in relatie tot de risico's die in een project gelopen worden. De praktijk heeft aangetoond dat een budget tussen de 1 en 2% van het totale projectbudget voldoende is om risicomanagement goed uit te voeren.

2.5 Tot slot

Als één ding uit dit hoofdstuk duidelijk blijkt is het wel dat complexe IT-projecten een soort 'noodzakelijk kwaad' zijn met vele valkuilen. Adequate remedies zijn zeker aanwezig, maar vereisen een grote hoeveelheid aandacht en dus tijd en geld van de organisatie.

Voor de projectmanager zijn al deze valkuilen en de daarbij behorende remedies waarschijnlijk goed te volgen en hopelijk ook toepasbaar. Voor de manager die wat verder van het project afstaat maar wel de eindverantwoordelijkheid draagt, is het zorgen voor voldoende beheersing nog een slag moeilijker.

Hoewel het aanbrengen van een rangorde in de valkuilen en de remedies maar beperkt mogelijk is, wordt hier voor de 'manager op afstand' een top vijf gegeven waar hij in een strategisch IT-project in ieder geval op moet blijven letten.

Top 5 succesfactoren complexe IT-projecten

1. Zorg voor een goede aansluiting bij de strategie.
2. Zorg voor een goede projectleider
3. Zorg ervoor dat het project regelmatig door een 'buitenstaander' wordt geëvalueerd, ofwel voer regelmatig risicomanagement uit.
4. Zorg voor een goede geïntegreerde aanpak.
5. Onderschat de impact van de verandering in de organisatie niet.

Het in de gaten houden van deze punten en met regelmaat de status en voortgang met de projectmanager zal zeker een fors beslag leggen op de tijd van de verantwoordelijk manager. Toch is deze investering zeker de moeite waard, want besef dat de kosten van het uit de hand lopen van een strategisch project veel groter kunnen zijn dan alleen de kosten veroorzaakt door extra bestede tijd. Het uitstellen of in het ergste geval zelf afstellen van een project kan immers een organisatie op een strategische achterstand zetten!

3 Integrale aanpak van IT-projecten

Drs. J. C. Roelofs, ir. M. W. La Haye

3.1 Inleiding

In hoofdstuk 1 is toegelicht waarom de wisselwerking tussen bedrijfs-processen, organisatie en informatievoorziening in het afgelopen decennium sterk is toegenomen. Met name bij de IT-projecten van het type 'IT als verbeterinstrument' en 'IT als strategisch wapen' is er sprake van een combinatie van de volgende drie aspecten:

- (her)ontwerpen en inrichten van de bedrijfsprocessen en de daarbij behorende (administratieve) organisatie (hierna AO genoemd);
- ontwerpen, realiseren en implementeren van informatiesystemen en de daarbij behorende technische infrastructuur (hierna IT genoemd);
- (her)inrichten van de personele organisatie en het begeleiden van het totale veranderingsproces (hierna veranderingsmanagement genoemd).

Eén van de basisvoorwaarden om een complex IT-project tot een goed einde te kunnen brengen is het gebruik van een integrale aanpak voor de hierboven geschetste drie aspecten.

Deze integrale aanpak wordt in dit hoofdstuk besproken. Allereerst zullen we proberen de lezer te overtuigen van de noodzaak van een integrale aanpak. Voor de lezer die hiervan overtuigd is wordt daarna het raamwerk van de integrale aanpak toegelicht. Het hoofdstuk wordt afgesloten met een aantal waarschuwingen voor diegenen die er over denken om een integrale aanpak in hun organisatie te gaan toepassen.

3.2 Waarom is een integrale aanpak noodzakelijk?

Door velen wordt onderkend dat IT-projecten steeds vaker uit de drie aspecten IT, AO en veranderingsmanagement bestaan. Maar met deze constatering is de noodzaak voor een integrale aanpak van deze drie aspecten nog niet aangetoond. Hieronder zullen we aangeven wat er mis kan gaan zonder integrale aanpak, en tevens wat de voordelen van een integrale aanpak zijn. Hierbij bespreken we eerst de integratie van de meer 'inhoudelijke' aspecten, AO & IT en daarna de integratie van AO & IT met veranderingsmanagement.

3.2.1   Integratie tussen AO & IT

In de praktijk komen we voor wat betreft de niet-integrale aanpak van deze aspecten de volgende situaties tegen:

1. Eerst wordt het IT-systeem ontworpen en gerealiseerd, daarna de AO.

    Dit resulteert vrijwel altijd in een IT-systeem dat niet aansluit op de gewenste werkwijze. Het IT-systeem moet alsnog worden aangepast of in het ergste geval worden herbouwd. Uitloop in de geplande implementatiedatum en kosten is het resultaat.

2. Eerst wordt de AO ontworpen, daarna het IT-systeem.

    In de praktijk is dit nog de minst schadelijke niet-integrale benadering. Het nadeel dat hier ontstaat is dat met het ontwerp van de AO geen rekening wordt gehouden met de mogelijkheden die IT biedt om de werkwijze efficiënter te laten verlopen. Het IT-systeem wordt onnodig complex en duur omdat de ontworpen AO moet worden gevolgd.

3. De AO en IT worden parallel ontworpen, maar niet geïntegreerd.

    Omdat de IT- en AO-specialisten een sterk overlappend werkterrein hebben zien we in de praktijk dat deze aanpak tot een doublure van een aantal werkzaamheden leidt, en dat als je naar de verschillende producten kijkt deze over het algemeen niet op elkaar aansluiten. Als niet tijdig wordt ingegrepen moet ook hier het IT-systeem meestal grondig worden aangepast, en resulteert dit in uitloop in kosten en doorlooptijd.

Door KPMG is onlangs op het gebied van de integratie van AO & IT een enquête gehouden over de voor- en nadelen van deze integratie. Door diegenen die gebruik maken van een integrale aanpak worden de volgende voordelen aangegeven:

- Aanzienlijk grotere kans dat de inhoudelijke doelstelling van het project wordt gerealiseerd;
- Een informatiesysteem dat beter is afgestemd op de werkprocessen;
- Betere kosten/baten verhouding van het project, het rendement van de investering wordt zo goed mogelijk benut;
- Minder fouten bij het werken met het nieuwe informatiesysteem;
- Verlaging van de kosten voor onderhoud en beheer.

3.2.2 Integratie van veranderingsmanagement met AO & IT

De invoering van nieuwe werkprocessen en de daarbij behorende informatiesystemen gaat vaak gepaard met een al dan niet gewenste verandering. De feitelijke verandering kan zowel 'kwalitatief' van aard zijn, in de zin van verandering in functies en loopbaanmogelijkheden, maar ook in normen, waarden en gedrag, alsook 'kwantitatief' zijn als het gaat om het aantal en soort arbeidsplaatsen. In veel lopende projecten zijn met name de kwalitatieve effecten van groot belang.

Bekend is dat vooral een verandering van normen en waarden in een organisatie veel vereist in de zin van energie, doorlooptijd en kosten. Maar ook een verandering waarbij iemand persoonlijk moet veranderen roept vaak weerstand op en kost zeer veel energie.

Veranderingsmanagement betreft alle acties en gedrag gericht op het invoeren van een gewenste verandering binnen budget en termijn en is erop gericht om implementatierisico's zo veel mogelijk te reduceren. Dit kan op veel manieren. Een zeer belangrijke component is uiteraard communicatie. Maak duidelijk wat er moet veranderen, waarom en wanneer, wat de verandering voor wie betekent en wat niet verandert. En daarmee is feitelijk al aangegeven dat veranderingsmanagement alleen geen bestaansrecht heeft. Immers: wat is nu veranderingsmanagement als dat niet is gericht op de komende verandering? We zien vaak de situatie dat er geen of te weinig aandacht wordt besteed aan veranderingsmanagement. Dit resulteert vrijwel altijd in implementatieproblemen veroorzaakt door weerstand bij de toekomstige gebruikersgroep. Deze weerstand kan rationeel zijn: het verstandelijk niet eens zijn met de toekomstige werkwijze en informatiesysteem of de noodzaak hiervan niet doorzien. Zij kan ook irrationeel zijn: men is emotioneel 'tegen' de nieuwe werkwijze of het nieuwe systeem, vaak als gevolg van het niet mee hebben mogen denken of uit een algemene afkeer van welke verandering dan ook.

Achteraf is het achterwege laten van veranderingsmanagement meestal moeilijk in te halen. Immers, de gewenste mate van betrokkenheid is niet meer te realiseren. Een systeem kan nog wel worden geïnstalleerd, maar de bijbehorende verandering in werkwijze, gedrag en houding niet (het zit niet tussen de oren). En dit resulteert dan in een extra kostenpost die na installatie nog moet worden gemaakt om mensen toch met het systeem te laten werken opdat de baten van het nieuwe systeem kunnen worden verzilverd.

Het voordeel van de integratie van veranderingsmanagement met AO & IT is dus dat de kans dat er werkelijk volgens de nieuwe werkprocessen en met het nieuwe informatiesysteem gewerkt gaat worden aanzienlijk vergroot wordt door:

- Het opbouwen van de gewenste motivatie voor de komende verandering;
- Vroegtijdige signalering van mogelijke implementatieproblemen, waardoor bijsturing zinvol en mogelijk is;
- Realistische benadering van het project met een nadrukkelijk oog voor het haalbare en het maakbare. Het ambitieniveau van de organisatie- en systeemontwikkeling worden op elkaar afgestemd.
- Efficiëntere aanpak door minder overdracht van informatie tussen verschillende disciplines.

3.3   Het raamwerk voor integrale aanpak

De eerder geschetste figuur 1.3 (puzzelplaatje) met de drie componenten AO, IT en veranderingsmanagement is een sterk vereenvoudigde weergave van de relevante componenten voor complexe IT-projecten.

De eerste twee onderdelen van de puzzel, namelijk AO en IT, worden uitgewerkt in de volgende organisatiegerichte bouwstenen:

- bedrijfsprocessen;
- organisatiestructuur;
- informatiesystemen;
- technische infrastructuur.

Het derde onderdeel van de puzzel, namelijk veranderingsmanagement, wordt uitgewerkt in de volgende veranderingsgerichte bouwstenen:

- betrokkenheid (BT);
- verwachtingspatroon (VP);
- pijn en remedie (PR);
- normen en waarden (NW);
- veranderkundige vaardigheden (VV).

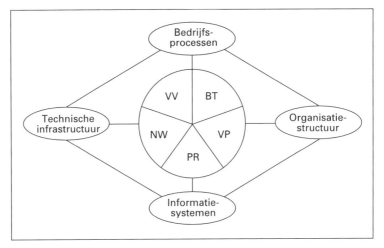

Figuur 3.1. *De componenten van het raamwerk en hun samenhang.*

We zullen allereerst de verschillende bouwstenen kort toelichten. Aangezien de bouwstenen informatiesystemen en technische infrastructuur als grotendeels bekend worden verondersteld worden deze slechts summier behandeld.

Daarna zal worden aangegeven hoe de totstandkoming van de verschillende bouwstenen het best kan worden gefaseerd en dat de totstandkoming van de verschillende bouwstenen een iteratief proces is. Aansluitend zal verder worden ingegaan op de samenhang tussen de bouwstenen.

3.3.1 Organisatiegerichte bouwstenen

Met name bij projecten van het type 'IT als verbeterinstrument' en 'IT als strategisch wapen' is vrijwel altijd sprake van het herinrichten van de bedrijfsprocessen. Hierbij is het van belang om zowel naar de inrichting van het proces te kijken (procesinrichting) als naar de besturing en beheersing van het proces (procesmanagement). Eenzijdige aandacht voor procesinrichting of voor de besturing en beheersing van processen leidt in onze ogen altijd tot suboptimalisatie.

Proces-
inrichting
Bij het inrichten van bedrijfsprocessen voor de afhandeling van goederenstromen is het al sinds jaar en dag gebruikelijk om logistieke principes toe te passen. Het toepassen van deze principes bij het inrichten van bedrijfsprocessen kan ertoe leiden dat doorlooptijden worden verkort, hogere leverbetrouwbaarheid en lagere kosten worden bereikt en dat een grotere flexibiliteit in en betere besturing van organisaties mogelijk wordt gemaakt. Klantgerichtheid, productiviteit, slagvaardigheid en flexibiliteit zijn door veel organisaties geformuleerd als strategische uit-

gangspunten. Deze uitgangspunten stellen ieder zo hun eisen aan de inrichting, besturing en beheersing van de organisatie en daarmee ook direct aan informatieverzorgende processen die daarvoor nodig zijn.

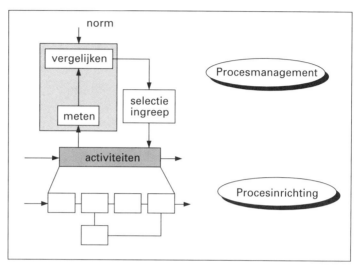

Figuur 3.2.   *Twee manieren om naar bedrijfsprocessen te kijken.*

**Proces-
management**

Een belangrijk element dat helaas vaak buiten beschouwing wordt gelaten is het invullen van de besturing en beheersing van de bedrijfsprocessen. De bedrijfsprocessen moeten passen binnen door het management van de organisatie gestelde uitgangspunten (besturings- en beheersingsfilosofie) met betrekking tot de realisatie van administratief-organisatorische en interne-controlemaatregelen. Deze uitgangspunten worden enerzijds uitgewerkt tot concrete eisen met betrekking tot administratieve organisatie en interne controle en tot preventieve en repressieve maatregelen. Anderzijds leiden ze ook tot concrete voorstellen voor het inrichten van de managementinformatie.

**Organisatie-
structuur**

De tweede organisatiegerichte bouwsteen is de organisatiestructuur. Simpel gezegd betreft deze enerzijds de hark met de organisatorische eenheden tot en met de functionarissen met bijbehorende taken, verantwoordelijkheden en bevoegdheden. Anderzijds bevat het de locaties waar de werkzaamheden worden uitgevoerd.

Als er bij een complex IT-project sprake is van het herinrichten van bedrijfsprocessen (en dus ook van het hierbij behorende procesmanagement) is het ook noodzakelijk om de inrichting van de organisatiestructuur hierop aan te passen. Alleen dan is het mogelijk de toekomstige taken, bevoegdheden en verantwoordelijkheden, mede in relatie tot het geautomatiseerde systeem, te kunnen vastleggen. Hiertoe worden de verschillende bedrijfsprocessen toegewezen aan organisatorische eenheden of functionarissen.

Over de wijze van structurering van de organisatiestructuur is veel literatuur beschikbaar. We zullen hierop niet nader ingaan, maar alleen wijzen op belangrijke ontwikkelingen waarbij zaken als delayering,[1] downsizing[2] en verplatting worden genoemd. In wezen gaat het hierbij om het herstructureren van de organisatie rond processen met als doel de afstand tussen top en werkvloer te verkleinen en daardoor onder meer aan flexibiliteit te winnen. Vooral voor bureaucratische organisaties die beter in willen spelen op de turbulente en complexe omgeving is organiseren rond processen een manier om tekortkomingen van de veellagige, functionele organisatie op te heffen.

Informatiesystemen — Gegeven de gewenste inrichting van bedrijfsprocessen en organisatiestructuur moet er worden vastgesteld op welke wijze de bedrijfsprocessen kunnen en moeten worden ondersteund met behulp van informatietechnologie. Daarbij moet de output van de informatiesystemen, ofwel de management- en operationele informatie, centraal staan. Binnen dit aspect worden naast de geautomatiseerde informatiesystemen (applicaties) ook de gegevensverzamelingen beschreven en worden verbanden gelegd door aan te geven welke applicatie welke gegevensverzameling in welke zin gebruikt.

Technische infrastructuur — De laatste ontwerpbouwsteen betreft de technische infrastructuur.
De eisen die bij de inrichting van bedrijfsprocessen en organisatiestructuur zijn gesteld, tezamen met het ontworpen systeemconcept, zijn belangrijke factoren die invloed hebben op het ontwerp van de technische infrastructuur.

Bij het ontwerp van de technische infrastructuur onderscheiden we verwerkingsapparatuur, opslagmedia, communicatievoorzieningen en randapparatuur. Ook programmatuur die bedoeld is voor de besturing van deze componenten wordt onder de technische infrastructuur begrepen. Daarnaast rekenen wij programmatuur die specifieke taken verricht voor het informatiesysteem, bijvoorbeeld een database-mana-

---

1 Met 'delayering' wordt het reduceren van het aantal hiërarchische niveaus in organisaties bedoeld.
2 Downsizing betreft het overzetten van zware binnen een mainframe-omgeving draaiende applicaties naar bijvoorbeeld een client/server-omgeving.

gementsysteem of een netwerk-managementsysteem, ook tot de technische infrastructuur.

Uiteraard is het van groot belang bij het ontwerpen van de technische infrastructuur rekening te houden met de technologische ontwikkelingen zoals client-server,[1] workflow management, rightsizing,[2] enzovoort.

3.3.2 Veranderingsgerichte bouwstenen

Het belangrijkste doel waaraan met behulp van deze veranderingsgerichte bouwstenen wordt gewerkt is het helpen toegroeien naar de nieuwe situatie, door onder meer vermindering van weerstand tegen de komende verandering en het losweken van mensen uit de bestaande situatie.

Weerstand kan met name worden beïnvloed via de bouwstenen 'verwachtingspatroon' en 'pijn en remedie'. Via gerichte informatie en diverse vormen van communicatie kunnen verwachtingen worden bijgesteld, kan pijn worden opgevoerd en een gemeenschappelijk beeld van en verlangen naar de oplossing worden opgebouwd.

Betrokkenheid

Eén van de belangrijkste aspecten van veranderingsmanagement vinden wij betrokkenheid (commitment). Hierbij is zowel de betrokkenheid van de toekomstige gebruikers (targets) van belang als van de managers die de verandering in gang zetten en ondersteunen (sponsors).

Commitment is de mate waarin iemand het gewenste resultaat onder diverse omstandigheden nastreeft. De essentie van veranderingsmanagement is het werken aan de verhoging van het commitment met betrekking tot de gewenste verandering.

Zonder betrokkenheid van een goede sponsor is de kans op een succesvol project snel verkeken. Sponsorship wordt gedefinieerd als de mate waarin het (top)management zich heeft verbonden aan de noodzaak van de verandering en daar in de organisatie ook zichtbaar en consequent uiting aan geeft. De sponsor van een verandering heeft een belangrijke voorbeeldfunctie. Een aantal wezenlijke dimensies van effectief sponsorship zijn:

- Pijn en visie: Ervaart de sponsor in voldoende mate belemmeringen

---

1 Bij inzet van client-server-technologie gaat het om het balanceren van het samenwerkingsconcept tussen de werkplek (client) en de achterliggende systemen en databases (de servers). Gemeenschappelijke gegevens en eventueel programma's draaien veelal op de server en veel lokale afhandelingen op de client.

2 Bij 'rightsizing' gaat het om het kiezen van de juiste componenten uitgaande van een bepaald gebruik en de afweging van de samenhang tussen de componenten.

in de huidige situatie en heeft hij/zij een duidelijk beeld van de verandering die moet plaatsvinden?

- Middelen en opoffering: Is er goed inzicht in de benodigde middelen (mensen, tijd, geld, enz.) en is de sponsor bereid en in staat om alle middelen ter beschikking te stellen (dit betekent vaak op korte termijn offers)?
- Impact: Is er voldoende inzicht in de gevolgen van de verandering op organisatie en mensen?
- Gelaagd sponsorship: Zorgen voor betrokkenheid van het management dat de verandering in de dagelijkse praktijk het beste kan ondersteunen.
- Consequentie-management: Diegenen die de verandering niet ondersteunen moeten hierop worden aangesproken door de sponsor.

Indien een sponsor in onvoldoende mate aan het hierboven geschetste beeld voldoet, is het van belang om bijvoorbeeld met behulp van training en begeleiding te werken aan de totstandkoming van het gewenste niveau van deze dimensies. Lukt dit niet, dan is het aan te raden om op zoek te gaan naar een andere sponsor.

Verwachtings-
patroon
Afhankelijk van de informatie die men heeft en het referentiekader dat men op basis van eerdere kennis en ervaring heeft opgebouwd, verkrijgt men een beeld en verwachtingen van de huidige en gewenste situatie. Als de werkelijkheid niet met de verwachting blijkt te kloppen is teleurstelling een onvermijdelijk gevolg en zal weerstand ontstaan. Met behulp van informatie en communicatie kan dit beeld worden beïnvloed. Bij bewuste beïnvloeding kan worden gesproken over verwachtingsmanagement.

Een van de kritieke succesfactoren in succesvolle veranderingsprojecten blijkt de mate te zijn waarin men slaagt om de veranderingen te vertalen in gevolgen voor het individu of voor de doelgroep. Het zijn vaak deze concrete persoonlijke veranderingen die de meeste energie blijken te kosten bij veranderingsprocessen.
Het is daarom van essentieel belang om het verwachtingspatroon van degenen die door de verandering worden getroffen in de gaten te blijven houden en indien nodig bij te sturen in de goede richting. Verreweg de belangrijkste elementen van verwachtingsmanagement zijn dan ook informatie en communicatie, liefst zoveel mogelijk toegespitst op de verandering en de gevolgen hiervan voor de individuele situatie van personen of groepen van personen.

Pijn en remedie

Pijnmanagement is het proces van bewust aan de oppervlakte brengen en zodanig doseren van de informatie, dat het ongenoegen met de huidige situatie wordt versterkt en daardoor de wil tot veranderen ook. Pijn kan betrekking hebben op ongenoegen in het hier-en-nu of op een ongenoegen dat in de toekomst zou kunnen gaan spelen. Het ongenoegen kan zowel een niet opgelost probleem als een onbenutte kans zijn. De hoeveelheid ongenoegen die moet worden ervaren is uiteraard per individu of groep verschillend.

De 'pijnprikkel' is echter niet voldoende om een veranderingsproces in gang te zetten. Er moet ook sprake zijn van een afdoende remedie, zodat er een uitzicht bestaat op een verbeterde situatie. Remediemanagement is het proces van bewust aan de oppervlakte brengen en doseren van informatie die verlangen wekt naar de verbetering van de thans ervaren pijn.

Zowel pijn- als remediemanagement zijn in een veranderingsproces onmisbaar. De nadruk ligt in de praktijk echter veel te vaak op het verkopen van de verandering door blijvend te wijzen op de verbeteringen in de toekomst. Veranderingsprocessen blijken hierdoor vaak niet op gang te komen. Dat de remedie veel nadruk krijgt is op zich niet erg, als men zich er maar van bewust is dat zolang er geen pijn is, er niet veel behoefte zal zijn om naar een verbeterde situatie toe te groeien. In de praktijk modderen veel projecten op deze manier door of stranden voortijdig.

Normen en waarden

Bedrijfscultuur kent vele definities. In het algemeen betreft het de ondergrond van opvattingen, gedragingen en meningen in het bedrijf. De kern van bedrijfscultuur bestaat voor ons uit het geheel van normen en waarden die in een bedrijf gangbaar zijn.

Normen en waarden zijn niet zichtbaar maar vormen direct de motivator van het zichtbare gedrag. Door op normen en waarden te sturen zal gedrag automatisch meeveranderen.

Effectief beïnvloeden van de bedrijfscultuur blijkt in de praktijk van organisatieverandering een essentiële factor te zijn voor het welslagen van een complexe verandering. Uit onderzoek van ODR (Organisation Development Resources Inc.) blijkt dat de mate van consistentie van de bedrijfscultuur met de strategische beslissingen en de gewenste veranderingen van groot belang is voor het succes van de implementatie. Een geringe consistentie vergroot de kans op mislukking van de implementatie aanzienlijk.

Voor complexe IT-projecten is het van groot belang om een goed inzicht te hebben in de gewenste cultuur. Als het gat tussen de huidige situatie en de gewenste situatie te groot is, wordt het van belang om het ambitieniveau met betrekking tot de gewenste verandering bij te stellen.

Verander-
kundige
vaardigheden

In veel organisaties (vooral in organisaties met een 'doeners' cultuur) is expliciet veranderingsmanagement en het expliciet praten over veranderingen nog een taboe. Dit komt enerzijds voort uit het 'softe' imago rond sociale en psychologische factoren, anderzijds uit een stukje onkunde om met dit onderwerp om te gaan. Veranderkundige vaardigheden blijken onmisbaar voor de trekkende kracht achter een verandering.

Bij veranderkundige vaardigheden moet u denken aan affiniteit tot, begrip van en kunnen aansturen op de eerder behandelde veranderingsgerichte bouwstenen. Verder is van belang dat de trekker synergetische relaties, betrokkenheid in de organisatie en voldoende invloed kan opbouwen. De (mogelijke) trekker(s) van een veranderingsproces kan/kunnen op de noodzakelijke vaardigheden worden beoordeeld, geselecteerd en zonodig worden bijgeschaafd. Overige medetrekkers in de organisatie kunnen door middel van training en voorlichting begrip opbouwen en handvatten verkrijgen voor het omgaan met reacties op veranderingen.

3.3.3 De fasering

De in het raamwerk weergegeven organisatiegerichte en veranderingsgerichte bouwstenen kunnen niet volgens dezelfde fasering tot stand worden gebracht. Immers, de organisatiegerichte bouwstenen leiden tot een groot aantal afzonderlijke producten die sequentieel moeten worden ontworpen en gerealiseerd, terwijl de veranderingsgerichte bouwstenen componenten bevatten die grotendeels parallel aan elkaar worden uitgevoerd en ook langer zullen duren. Hieronder wordt de fasering voor beide aangegeven met hun onderlinge verband (figuur 3.3).

Het is van belang de snelheid waarmee de ontwikkelfasen worden doorlopen als leidraad te gebruiken voor de snelheid van de ontwerpfasen. Indien deze faseringen situationeel op elkaar worden afgestemd worden veel implementatieproblemen voorkomen.

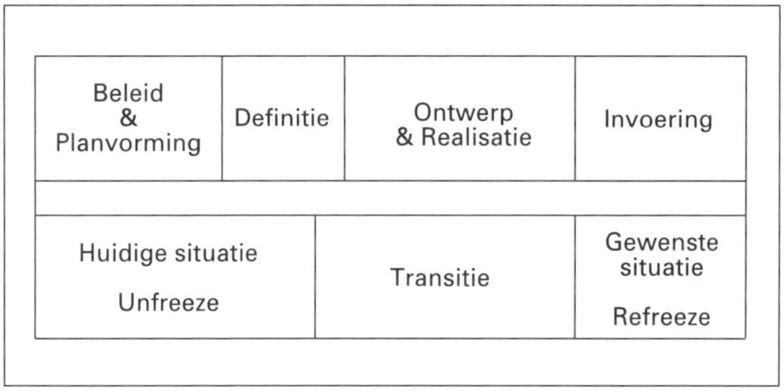

Beleid & Planvorming	Definitie	Ontwerp & Realisatie	Invoering
Huidige situatie Unfreeze		Transitie	Gewenste situatie Refreeze

Figuur 3.3. *Een mogelijke fasering van de organisatie- en veranderingsgerichte bouwstenen.*

Voor de organisatiegerichte bouwstenen kan in principe elke gewenste fasering gebruikt worden. Zo kan er gebruik worden gemaakt van meer traditionele systeemontwikkelingsmethoden, zoals SDM. Maar ook moderne ontwikkelingen, zoals bijvoorbeeld RAD (Rapid Application Development), en prototyping kunnen hier in onder gebracht worden, mits gezorgd wordt voor de vereiste integratie tussen de bouwstenen. Indien er sprake is van gebruik van standaard software kan een hierbij passende methodiek gebruikt worden, zoals SIIPS.

Voor de veranderingsgerichte bouwstenen is er sprake van drie fasen, unfreeze, transitie en refreeze genaamd. De scheidingslijn tussen deze fasen is niet scherp. Dit geldt ook voor de allocatie naar de systeemontwikkelingsfasen. Achtergrond voor de start van de transitiefase tegen het einde van de definitiefase is dat het doorgaans dán globaal duidelijk wordt wat de verandering gaat inhouden. Bovendien wordt dan ook op basis van een kosten/baten-afweging besloten of het project wordt voortgezet. Alhoewel per fase voor een go/no go wordt besloten is dit het moment dat het management een intentieverklaring voor de gewenste verandering afgeeft.

3.3.4 De integratie van de verschillende bouwstenen

Zoals al eerder is aangegeven bestaat deze integratie eigenlijk uit twee gedeelten: de integratie tussen de verschillende organisatiegerichte bouwstenen onderling en de integratie tussen de organisatiegerichte en de veranderingsgerichte bouwstenen.

Omdat de integratie van de verschillende bouwstenen op een diep niveau in de methode plaatsvindt, is het niet eenvoudig in een kort bestek deze integratie volledig te beschrijven. Daarom wordt in deze subparagraaf volstaan met een aantal voorbeelden van verbanden die worden gelegd.

De integratie van de organisatiegerichte bouwstenen

De vier organisatiegerichte bouwstenen hebben onderling veel verbanden. Hierdoor moet een groot aantal producten vanuit meer bouwstenen worden ontworpen. Immers, tijdens het ontwerpproces moeten bijvoorbeeld vragen worden beantwoord zoals:

- Welke organisatie-eenheden zijn verantwoordelijk voor welke processen?
- Welke organisatie-eenheden zijn belast met de uitvoering van welke processen?
- Welke organisatie-eenheden zijn verantwoordelijk voor (zijn 'eigenaar' van) de gegevens?
- Welke functies van het informatiesysteem ondersteunen welke bedrijfsprocessen?

- Welke functies moeten op welke verwerkingsapparaten ter beschikking komen?
- Welke (delen van) gegevensverzamelingen moeten op welke opslagapparaten worden opgeslagen?
- Welke apparaten moeten op welke locaties worden geplaatst?
- Welke managementinformatie moet beschikbaar zijn?
- Enzovoort, enzovoort.

Het is duidelijk dat bovenstaande vragen niet afdoende kunnen worden beantwoord als deze niet integraal worden aangepakt.

Een voorbeeld   Een postorderbedrijf wil het *bedrijfsproces* telefonische verkoop gaan decentraliseren. Hierdoor ontstaan in de *organisatiestructuur*, op basis van een geografisch indelingscriterium, een aantal decentrale eenheden. In het verkoop*informatiesysteem* moeten extra voorzieningen worden getroffen, aangezien een van de uitgangspunten is dat het niet beschikbaar zijn van het centrale informatiesysteem niet mag leiden tot nee-verkoop. De decentrale order-entry functies moeten hierdoor zodanig van opzet zijn dat in ieder geval klant- en artikelgegevens lokaal beschikbaar moeten zijn. Voor de *technische infrastructuur* betekent dit dat er in de decentrale eenheden ook opslagapparatuur aanwezig moet zijn. De decentrale eenheden zullen een directe communicatieverbinding met het hoofdkantoor nodig hebben . . .

Integratie organisatie- en veranderingsgerichte bouwstenen   Afhankelijk van de gewenste verandering en de daarvan afgeleide organisatiegerichte bouwstenen worden de veranderingsgerichte bouwstenen vormgegeven. Door verbanden tussen deze twee typen bouwstenen te leggen kunnen belangrijke vragen worden beantwoord zoals:

- Wie zijn betrokkenen bij de verandering (op basis van de koppeling tussen organisatiestructuur met de andere organisatiegerichte bouwstenen)?
- Zijn betrokkenen vertegenwoordigd in het project en hebben zij de juiste rol? Zijn de locaties hierin voldoende vertegenwoordigd?
- Vinden betrokkenen de verandering noodzakelijk/wenselijk en ondersteunen ze de verandering?
- Is voor hen duidelijk wat de verandering inhoudt (is de beschrijving van de organisatiegerichte bouwstenen duidelijk)?
- Is hen duidelijk wat de verandering aan persoonlijke consequenties met zich meebrengt (verandering in hulpmiddelen, werkwijze, normen en waarden, bevoegdheden, met andere woorden welke bouwsteen is voor welke doelgroep het meest relevant)?

- Hebben zij vertrouwen in de haalbaarheid van de invoering van de gewenste verandering?
- Wat zijn belemmeringen voor een succesvolle invoering?

Een voorbeeld Een agrarisch bedrijf wil als een van de gewenste verbeteringen het bedrijfsproces lange termijn relatiemanagement verbeteren. Hiertoe wordt onder meer een centraal relatie-, prijzen- en tarievensysteem ingevoerd. Dit dient met decentrale technologie- en communicatiehulpmiddelen vanuit verschillende regio's te worden benaderd. Invoering heeft invloed op zowel de uitvoerende medewerkers als het management. Het vereist niet alleen een andere werkwijze, maar ook een andere mentaliteit (denken op de langere termijn in plaats van scoren op de korte termijn). Belangrijke knelpunten zijn: men heeft slechte ervaringen met eerder doorgevoerde veranderingen, pijn en remedie voor verschillende doelgroepen zijn niet in balans, de gewenste verandering in normen en waarden is te groot. Een en ander roept veel weerstand op. Naar aanleiding van de veranderkundige status wordt onder andere besloten:

- Meer aandacht te schenken aan de veranderkundige kant en het oplossen van knelpunten;
- De invoering sterker te faseren dan oorspronkelijk gepland;
- Een parallel veranderingsproces uit te voeren voor de vernieuwing in werkwijze en normen en waarden, onder verantwoordelijkheid van het lijnmanagement en mede bewaakt door een stuurgroep, waarvan de voorzitter ook voor de invoering van het systeem verantwoordelijk is;
- Uitvoerenden eerder bij het ontwerp en beoordeling van de haalbaarheid te betrekken;
- Lijnmanagement verantwoordelijke rollen te geven bij ontwerp en invoering van het systeem;
- Sterkere afstemming van projectoverleg en regulier overleg;
- Communicatieverantwoordelijkheid met name door de lijn voor een belangrijke voorbeeldfunctie;
- Afstemming van het personeelsbeleid op de gewenste verandering.
- . . .

3.4 Is een integrale aanpak eenvoudig?

Uit het voorgaande verhaal zou de indruk kunnen ontstaan dat het hanteren van een integrale aanpak, mits het raamwerk op de juiste wijze wordt toegepast, een niet al te moeilijke zaak is. De praktijk wijst echter anders uit. Hieronder willen we voor diegenen die er over denken om een integrale aanpak te gaan hanteren een aantal valkuilen bespreken waarmee terdege rekening moet worden gehouden.

Integratie van verschillende culturen

Van oudsher worden IT-projecten door automatiseerders uitgevoerd. Het gebied procesverbetering en inrichten van de organisatie wordt veelal bij een administratief-organisatorische discipline belegd, terwijl meestal de P&O-afdeling met het begeleiden van veranderingen wordt belast. Als een project integraal wordt aangepakt moeten deze verschillende disciplines in een zeer nauw teamverband met elkaar samenwerken. En in de praktijk blijkt dat er tussen deze disciplines met name een verschil in benadering, aanpak, en ook woordgebruik te zijn, wat de onderlinge samenwerking aanzienlijk bemoeilijkt. De hoeveelheid tijd die moet worden gespendeerd om deze samenwerking tot stand te brengen wordt meestal aanzienlijk onderschat.

De kwaliteit van de projectmanager

In tegenstelling tot de meer traditionele IT-projecten waar de ervaring van de projectmanager zich meestal beperkt tot IT-ervaring en ervaring in projectmanagement, moet de ervaring van de projectmanager van complexe IT-projecten veel breder liggen.

Feitelijk hebben we voor dit soort projecten een algemeen manager nodig met voldoende affiniteit en ervaring met IT-projecten, met herinrichtingsprojecten van processen en organisaties en met het begeleiden van veranderingsprocessen. Daarnaast moet hij/zij uiteraard de vereiste leiderschapsvaardigheden bezitten.

Managers met dit profiel zijn moeilijk te vinden. Dit impliceert dat organisaties die regelmatig complexe IT-projecten uitvoeren veel tijd en aandacht zullen moeten besteden aan het creëren van dit soort managers.

Maar besef, de kwaliteit van de projectmanager is één van de belangrijkste factoren voor het welslagen van een project (zie ook hoofdstuk 2).

Het project is te groot

Bij een integrale aanpak ontstaat al snel het beeld dat alles aangepakt en geïntegreerd moet worden: eeuwigdurende projecten die als een waterval door de organisatie gaan. Dit kan worden versterkt indien onvoldoende afbakening van projectdoelstellingen plaatsvindt.

Bij het bepalen van de projectdoelstellingen en aanpak dient een afweging te worden gemaakt tussen het ambitieniveau en de noodzakelijke inspanning die hieruit volgt. Indien verkorten van doorlooptijd naar de klant relevant is kan procesinrichting relevant zijn. Als er intensieve veranderingen aan de orde zijn waarvan het belangrijk is dat deze tussen de oren zitten, is aandacht voor veranderingsmanagement relevant. Met

andere woorden: niet alleen integreren, maar ook focuseren is van belang.

3.5 Tot slot

In dit hoofdstuk is geprobeerd de lezer ervan te overtuigen dat IT-projecten niet langer meer uit IT-componenten alleen bestaan, maar dat
ook het inrichten van processen en organisatie en het bij het project
behorende veranderingsmanagement van groot belang zijn. Daarnaast
is het voor vrijwel iedere organisatie een absolute noodzaak dit soort
(complexe) IT-projecten uit te voeren en succesvol af te ronden. Immers
zonder de resultaten van deze projecten wordt strategische achterstand
opgelopen!
Er moet worden geconstateerd dat de realisatie van deze projecten uiterst complex is, vele valkuilen kent, en een zeer specifieke aanpak vergt.
In dit en voorgaande hoofdstukken is gepoogd in de cluster van valkuilen enige ordening aan te brengen en de lezer een aantal aanbevelingen
te geven voor het vermijden van deze valkuilen. Daarnaast is in dit
hoofdstuk een globale beschrijving gegeven van een integrale aanpak die
in de praktijk heeft aangetoond succesvol te zijn.

Laat u zich vooral niet verleiden om na het lezen van dit hoofdstuk
hals-over-kop te storten in de uitvoering van dit soort projecten. Maar
als het voor uw organisatie noodzakelijk is om een complex IT-project
uit te voeren, houd dan altijd de top vijf succesfactoren in de gaten (zie
hoofdstuk 2).

4 Werken aan de 'zachte' kant van IT-projecten

Commitment, betrokkenheid, acceptatie en werkhouding zijn geen onbeïnvloedbare randvoorwaarden voor IT-projecten. Het is de taak van elke projectmanager om actief aan deze zachte succesfactoren te werken.

Ir. H. M. Sasse, drs. T. R. J. Bosselaers

4.1 Inleiding

Nog steeds worden IT-projecten veel geplaagd door tegenvallers in doorlooptijd, geld en resultaat. Zoekend naar oorzaken en oplossingen komen natuurlijk problemen aan de 'harde' kant aan bod, zoals instabiliteit van recente technologische producten, veranderende functionele eisen of verkeerde inschatting van de omvang van het werk. Maar de nadruk wordt meestal gelegd op problemen aan de 'zachte' kant:

- te weinig betrokkenheid en commitment van het management;
- te weinig betrokkenheid en acceptatie onder de gebruikers;
- te weinig synergie en resultaatgerichtheid onder de projectmedewerkers;
- te weinig planmatig werken door alle betrokkenen;
- te weinig enerzijds zelfstandig, maar anderzijds toch beheersbaar werken door alle betrokkenen.

Concrete oplossingen om juist die 'zachte' mensgerichte kant positief te beïnvloeden worden zelden gegeven. In dit hoofdstuk zullen we aan de hand van twee modellen laten zien hoe concreet aan verbetering van de zachte kant van IT-projecten gewerkt kan worden.
Het eerste model wordt gebruikt voor het vaststellen van de aard van de problemen. Dit model wordt aan de hand van een voorbeeld toegelicht (paragraaf 4.2).
Het tweede model wordt gebruikt voor het bepalen van de oplossingen (paragraaf 4.3 en 4.4). Eerst wordt dit model in paragraaf 4.3 algemeen beschreven waarna in paragraaf 4.4 aanwijzingen voor mogelijke behandelingen worden gegeven.

4.2 Het schetsen van de zachte kant van een projectsituatie (diagnose)

In het boek 'Integrale ontwikkeling van organisatie en systemen' schetsen Betz e.a. ([Betz, 1995]) een model met 'veranderingsgerichte bouwstenen' (zie subparagraaf 4.2.3). Met behulp van deze bouwstenen is het mogelijk om de verandering, die zich gedurende een project afspeelt, te structureren. De veranderkundige bouwstenen richten zich met name op de 'zachte' kant van de verandering. Hierna zal met behulp van de bouwstenen een voorbeeld worden geschetst resulterend in een diagnose. Eerst wordt de algemene situatie geschetst waarna de problemen van de zachte kant in algemene termen beschreven worden. De paragraaf wordt besloten met het schetsen van de zachte kant aan de hand van de bouwstenen.

4.2.1 Algemene situatieschets als referentiekader

Het bedrijf, de Stichting Zekerheid,[1] voert voor een bedrijfstak de pensioenregelingen uit. Sinds begin jaren tachtig werkt men met een geautomatiseerd systeem dat overdag via data-entry gevoed wordt en 's nachts mutaties verwerkt en berekeningen maakt, waarvan het resultaat 's ochtends wordt afgedrukt op overzichten en uitgaande documenten.

De applicaties zijn in de loop der jaren vele malen aangepast en aangevuld in verband met wijzigende wetgeving en pensioenreglementen. Langzamerhand is het inzicht in het functioneren van de applicaties verloren: steeds vaker treden fouten op, die moeilijk te herstellen zijn. De kosten van het foutherstel lopen steeds hoger op, zowel direct als indirect. Ook wordt de kwetsbaarheid van de administratie steeds meer als een probleem ervaren.

Het is duidelijk dat een aantal grotere wijzigingen in de Pensioen- en Spaarfondsenwet op korte termijn tot flinke aanpassingen in de administratie en geautomatiseerde systemen zal leiden. Echter door de vele ad hoc-aanpassingen uit het verleden kan men niet meer overzien waar de wijzigingen allemaal nodig zijn. Het moment nadert dat aanpassingen niet meer mogelijk zijn.

---

1   De Stichting Zekerheid is een fictief bedrijf, dat al langere tijd in cursussen van KPMG als casus wordt gebruikt. Dankzij de inbreng van vele docenten en cursisten is het inmiddels 'levensecht' geworden.

Een groot project, genaamd HEFOS (heading for succes), dat de applicaties vervangt door een nieuw opgezet systeem blijkt noodzakelijk. Het vooronderzoek toont aan dat de technologie (mainframe, netwerk, werkstations en ontwikkelomgeving) eveneens hard aan vernieuwing toe is. Na een aantal mislukte projecten is bovendien een gespannen situatie met een grote tijdsdruk ontstaan.

4.2.2 Situatieschets van de zachte kant in algemene termen

De Stichting Zekerheid is te kenschetsen als een rustige en stabiele organisatie, waar relatief weinig grote veranderingen plaatsvinden. Wel is er sprake van een continu aanpassen aan nieuwe situaties die men tegenkomt. Je zou al die kleine aanpassingen samen als een grote verandering kunnen zien, maar zo wordt het niet ervaren. Iedere aanpassing wordt als een op zichzelf staande wijziging behandeld.

Ook het product van de stichting ademt rust uit. In het heden worden gegevens geregistreerd die pas over een groot aantal jaren zullen leiden tot een uitkering. Vele deelnemers, die inmiddels niet meer in de bedrijfstak werkzaam zijn (zogenaamde slapers), hebben jarenlang geen enkel contact met de stichting. Vaak is het mogelijk om een lange periode uit te trekken voor de procedure die uiteindelijk leidt tot uitkering.

De directie stuurt tot in grote mate van detail de lagere echelons aan. De medewerkers hebben slechts een beperkte verantwoordelijkheid. Een ieder is er op gericht die beperkte verantwoordelijkheid zo goed mogelijk uit te voeren, er op rekenend dat het hogere management er voor zorgt dat de werkzaamheden op elkaar aansluiten.

Om tot in detail te kunnen sturen is de directie echter tegelijkertijd sterk afhankelijk van de lagere echelons: zelden wordt een beslissing genomen zonder eerst navraag te doen omtrent de 'ins en outs' bij de lagere echelons. Als dan ook uiteindelijk de besluitvormende vergadering plaatsvindt zijn alle standpunten feitelijk reeds bepaald, en vindt geen werkelijke discussie meer plaats maar enkel nog een uitwisseling van de standpunten. Hierbij blijken meestal drie mogelijkheden te bestaan: of men is het eens, of een van de partijen wint, of er vindt feitelijk geen besluitvorming plaats en ieder directielid gaat zijn eigen gang.

Aangezien het bestuur van de Stichting Zekerheid een vertegenwoordiging is van de klanten komt elke klacht, als er iets fout gaat, direct op het hoogste niveau in de organisatie binnen. De directie speelt elke klacht meteen door naar de betreffende afdeling, die er vervolgens alles aan doet de fout te corrigeren en voortaan te voorkomen. Wat telt is dan ook dat je je eigen werk perfect uitvoert.

Het informele circuit in de organisatie is zeer sterk. Enerzijds werkt dit positief: men is zeer creatief om elke probleemsituatie in korte tijd op te lossen. Anderzijds werkt dit ook negatief: problemen worden direct opgeblazen en iedereen praat erover mee. Regelmatig is er hierdoor 'paniek in de tent', waarna iedereen bezig is de paniek te bestrijden en het normale werk blijft liggen.

4.2.3 Situatieschets van de zachte kant aan de hand van de bouwstenen

In de hierna volgende analyse van de hierboven geschetste situatie worden de veranderkundige bouwstenen van Betz e.a. (zie figuur 4.1) gebruikt als 'diagnose'-hulpmiddel om de patiënt te onderzoeken. Aldus komen we allerlei symptomen op het spoor die kunnen helpen bij het stellen van een diagnose en het kiezen van acties en middelen om de situatie te behandelen.

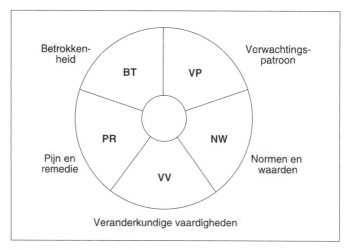

Figuur 4.1. *Veranderkundige bouwstenen.*

De veranderkundige bouwsteen (VV, NW, BT, VP, PR) worden beschreven met behulp van de bijbehorende symptomen uit het voorbeeld. Daarnaast is per bouwsteen aangegeven welk probleem uit de inleiding tot deze bouwsteen behoort.

De symptomen die we in de geschetste voorbeeld zien zijn:

Veranderkundige vaardigheden (VV)
Weinig ervaring met grote en langdurige veranderingstrajecten en daardoor onvoldoende veranderkundige vaardigheden van sleutelpersonen in en rond het project. Het gevolg hiervan zijn problemen bij het bereiken van synergie en het gedurende langere tijd samenwerken aan een gemeenschappelijk te bereiken resultaat (te weinig synergie en resultaatgerichtheid onder de projectmedewerkers).

Normen en Waarden (NW)
Een besluitvormingscultuur die sterk gericht is op het voorkomen van fouten uit het verleden, maar weinig houvast biedt voor een gemeenschappelijke toekomst. Het gevolg hiervan is dat mensen of zich zeer afhankelijk opstellen of zich van elke mogelijke bemoeienis van buiten afsluiten teneinde afstraffingen te voorkomen. Een complex veranderingsproject vereist echter juist een werkhouding waarbij mensen zich zelfstandig durven op te stellen en toch openheid van zaken blijven geven (te weinig enerzijds zelfstandig, maar anderzijds toch beheersbaar werken door alle betrokkenen).

Betrokkenheid (BT)
Een zeer directieve en inhoudelijke stijl van leidinggeven, die verlammend werkt naar de projectteams vanwege de onvermijdelijke traagheid van besluitvorming. Gevraagd wordt een 'goede' betrokkenheid van het management: zichtbaar en continu steunen van het project en ruimte laten voor de eigen verantwoordelijkheid en ontwikkeling van de projectteams, maar deze natuurlijk wel in de gaten houden (te weinig betrokkenheid en commitment van het management).

Verwachtingspatroon (VP)
Een geringe mate van samenwerking tussen projectmedewerkers onderling en tussen project en omgeving met als gevolg uiteenlopende verwachtingspatronen. De conflicterende verwachtingspatronen zijn een tijdbom voor de acceptatie door de gebruikers (te weinige betrokkenheid en acceptatie onder gebruikers).

Pijn en remedie (PR)
Een verstoorde verhouding tussen pijn en remedie: enerzijds wordt een perfectie nagestreefd die het projectresultaat bedreigt (een te ver gezochte remedie) en anderzijds wordt te sterk gereageerd op gebeurtenissen (een overgevoeligheid voor pijn). Meer aandacht voor een dieper niveau

van pijn en remedie (in plaats van voor schaafwonden en plastische chirurgie) is noodzakelijk voor het bereiken van de complexe projectdoelstellingen (te weinig planmatig werken).

Hieruit volgt de diagnose dat de mensen die eerst functioneerden in een stabiele situatie gericht op het in stand houden van de status quo in korte tijd om moeten schakelen naar functioneren in een situatie gericht op het creëren van een nieuwe werkwijze die afwijkt van de huidige werkwijze. De moeite die de mensen met deze omschakeling hebben uit zich in de geschetste symptomen.

De behandeling van de 'zachte' kant van IT-projecten zal dan ook vooral worden gezocht in de begeleiding van de betrokken mensen bij het aanpassen van hun functioneren aan de gewijzigde situatie waarin zij terecht zijn gekomen of nog zullen komen.

4.3 Mogelijkheden om de zachte aspecten positief te beïnvloeden (behandeling)

Zoals ook een diagnose van een psychiater zelden eenduidig zal zijn (er spelen vaak meerdere verschijnselen door elkaar heen) zo zal ook de diagnose van een projectsituatie altijd een combinatie van verschijnselen zijn. De behandeling zal vervolgens evenmin een keuze voor één middel zijn. Waarschijnlijk zal altijd een combinatie van behandelende acties worden gekozen om een combinatie van verschijnselen te beantwoorden. Tussen diagnose en behandeling ligt bovendien de persoonlijke interpretatie van de behandelend arts als 'holistisch' scharnierpunt.

Bij het vaststellen van de behandelingsmogelijkheden wordt gebruik gemaakt van het beeld van de 'lachende projectmanager' met als *linkeroog* het opbouwen van samenwerkingsrelaties en als *rechteroog* het benutten van de samenwerkingsrelaties om het projectdoel te realiseren. De bril van de lachende projectmanager staat op zijn/haar *neus* voor de toekomst: de ontwikkeling van de samenwerkingsrelaties als basis voor een geslaagd projectverloop.

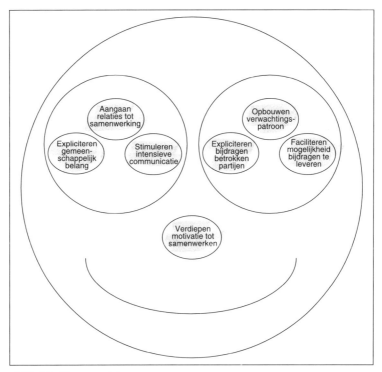

Figuur 4.2.   *De lachende projectmanager.*

De mogelijkheden zijn allemaal gericht op het bereiken van samenwerking en synergie tussen de bij het project betrokken mensen. Vanuit de projectmanager bekeken zijn de behandelingsmogelijkheden gericht op problemen binnen en rondom het project.

De behandelingen binnen het project zijn gericht op de samenwerkingsrelaties:

- tussen projectmedewerkers onderling;
- tussen projectmanagement (van stuurgroep tot teamleider) en projectmedewerkers.

De behandelingen rondom het project zijn gericht op de samenwerkingsrelatie:

- tussen projectorganisatie en omgeving (stakeholders).

In paragraaf 4.4 worden de behandelingsmogelijkheden aan de hand van het voorbeeld uit paragraaf 4.2 toegelicht.

4.4   Behandelingsmogelijkheden

Hierna wordt per behandelingsmogelijkheid (zie figuur 4.2) eerst de mogelijkheid kort beschreven waarna aandacht besteed wordt aan de relaties binnen het project en de relaties rondom het project.

4.4.1   Opbouwen van samenwerkingsrelaties: 'Linkeroog'

Het gaat naast het bereiken van het doel van het project ook om de wijze waarop de medewerkers uit de omgeving van het project dit doel gezamenlijk met de mensen binnen de projectorganisatie realiseren. Bij de beïnvloeding van de zachte aspecten gaat het met name om de teamgeest die binnen het project wordt opgebouwd en het verlengen hiervan met een soort netwerkorganisatie rondom het project.

Aangaan relaties tot samenwerking

Elk groot project heeft een omvangrijk aantal relaties met diverse mensen en instanties zowel binnen als rondom het project. Het opbouwen en levend houden van een goede samenwerking met deze mensen en instanties start met het continu onderzoeken en vaststellen van zowel de participanten van de samenwerking als van de relaties tussen deze participanten. Het is niet voldoende bij de start van het project de formele projectorganisatie vast te stellen: gedurende het project moeten de projectmedewerkers stapsgewijs het projectnetwerk zowel binnen als rondom het project opbouwen en aan het einde weer afbreken.

In lijn met het delen van de verantwoordelijkheid voor het projectresultaat heeft deze mogelijkheid tot doel ook de verantwoordelijkheid voor de onderlinge relaties binnen het project en voor de relaties met de projectomgeving te delen.

Aangaan relaties tot samenwerking: binnen het project

In het project HEFOS is naast een inhoudelijke opdracht ook sprake van een opdracht tot verandering van de werkwijze in de organisatie. De medewerkers van de organisatie spelen gedurende het project diverse rollen: *sponsor* (iemand die in woord en daad laat zien achter de verandering te staan, met name de lijnmanagers), *change agent* (iemand die activiteiten uitvoert om de verandering mogelijk te maken en door te voeren, met name projectmedewerkers), *advocate* (iemand die zelf geen zeggenschap heeft over de verandering maar in woord en daad laat zien de verandering erg belangrijk te vinden, met name stafmedewerkers) of *target* (iemand die zelf moet veranderen).

Deze terminologie is afkomstig uit een methode om organisatieveranderingen te sturen ([ODR, 1988]). In het project HEFOS hebben de projectmedewerkers (na opleiding en onder begeleiding) deze methode gebruikt om continu te bepalen wie er waarom en wanneer bij de activiteiten betrokken moet zijn. Op deze manier is een levendige relatie ontstaan, geïnitieerd vanuit de projectmedewerkers zelf.

Het belang tot het actief onderhouden van relaties is in het project HEFOS ook benadrukt via 'sociale activiteiten'. Als met grote inspanning en veel enthousiasme een fase succesvol wordt afgesloten is dit bijvoorbeeld via activiteiten als een volleybaltoernooi of een borrel beloond. Naast het 'relatienetwerk-' en beloningsaspect wordt hiermee tegelijkertijd de goede sfeer bevestigd en weer energie verzameld voor de volgende fase.

Deze mogelijkheid werkt onder andere positief op de bouwstenen: 'normen en waarden' (van een gesloten naar een open cultuur) en 'veranderkundige vaardigheden' (het eerste niveau van synergievorming: contacten leggen).

Aangaan relaties tot samenwerking: rondom het project

Alvorens aan de omgeving van het project te kunnen werken, is het natuurlijk van belang de omgeving te kennen. Belangrijke vragen voor het leren kennen van de projectomgeving zijn:

1. Wie zijn belangrijke mensen rondom het project?
2. Welke rollen vervullen zij, of zouden zij moeten vervullen, binnen en buiten het project?
3. Wat zijn de belangrijkste drijfveren voor die mensen om aan het project mee te werken?

Gedurende het verloop van een project zijn verschillende mensen in verschillende rollen en met een verschillende intensiteit bij het project betrokken. Het netwerk van betrokkenen zal er bij de start van het project dan ook anders uitzien dan halverwege of tegen het einde van het project. Het is van belang het netwerk geleidelijk aan op te bouwen en te onderhouden al naar gelang de voortgang van het project. Gezien de onvoorspelbaarheid van met name complexe projecten is het bovendien goed ervoor te zorgen dat gemakkelijk relaties met de projectomgeving kunnen worden aangegaan of gewijzigd, bijvoorbeeld door hier een zeer open houding voor aan te nemen.

Een veel gebruikte, en zeer effectieve, wijze om het netwerk op te bouwen is de zogenaamde 'sneeuwbal-methode'. Het netwerk wordt opgebouwd door eerst een kleine groep enthousiastelingen te betrekken, die vervolgens elk een volgende groep iets minder, of later, enthousiaste medewerkers meetrekken. Ook het opbouwen van 'gelaagd sponsorship' met als doel het commitment van alle lagen van het management te verkrijgen is hiervan een voorbeeld.

Stimuleren intensieve communicatie

De samenwerking binnen en rondom een project zal tot leven kunnen komen indien een intensieve informatie-uitwisseling tussen de participanten bestaat en dit een goede communicatie tot gevolg heeft. Het project en zijn omgeving moet 'zoemen van activiteit'. Echter om te voorkomen dat alle activiteit 'loos' blijkt te zijn, zijn daden van de participanten ter ondersteuning van de verbale afspraken van 'levens'belang.

Het doel van deze mogelijkheid is het met daden ondersteunen van het belang van interactie tussen medewerkers (zie onder 'Aangaan relaties tot samenwerking'), zowel binnen als tussen teams.

Stimuleren intensieve communicatie: binnen het project

Investeren in tijd (bijeenkomsten) en middelen (informatiemagazine, Local Area Network met case-tools, file-server, e-mail e.d.) laat zien dat het belang van informatie-uitwisseling echt telt. Bovendien is het uiteraard faciliterend aan de onderlinge samenwerking.

In het project HEFOS is daarom veel geïnvesteerd in het opvoeren van de informatie-uitwisseling om de onderlinge communicatie te verbeteren. Dit heeft ertoe geleid dat medewerkers nu meer begrip hebben voor elkaar en beter aanvoelen wie om welke informatie verlegen zit. Na een aanvankelijke overdaad aan informatie-uitwisseling is inmiddels een zeer intensief maar zeker niet overdreven communicatiecircuit opgebouwd.

Deze mogelijkheid werkt onder andere positief op de bouwstenen: 'veranderkundige vaardigheden' (het tweede niveau van synergievorming: informatie uitwisselen en open communiceren) en 'verwachtingspatronen' (door informatie uit te wisselen beïnvloedt men elkaars verwachtingspatronen).

Stimuleren intensieve communicatie: rondom het project

Het succes van elk project is voor een belangrijk deel afhankelijk van een goede samenwerking tussen projectmedewerkers en mensen in de omgeving van het project. Uitstekende mogelijkheden tot informatie-uitwisseling zijn dan ook een belangrijke succesfactor.

In de praktijk echter dreigde de informatie-uitwisseling steeds weer in het slop te raken. Bij een van de bijeenkomsten omtrent het communicatieprobleem werd duidelijk dat wel veel tekst werd uitgewisseld, maar dat de boodschap niet overkwam omdat bijpassende gebeurtenissen ontbraken. Zo werd wel gezegd dat bepaalde afdelingen nauwer moesten samenwerken, maar je zag nooit mensen van die afdelingen met elkaar aan het werk. Toen vervolgens meer aandacht werd besteed aan het zichtbaar maken via gebeurtenissen of daden van hetgeen als belangrijk werd genoemd bleek de wederzijdse bekendheid met belangrijke onderwerpen drastisch te verbeteren.

Expliciteren gemeenschappelijk belang

Er zal alleen sprake zijn van een goede samenwerking als naast het opbouwen van samenwerking en het uitwisselen van informatie alle activiteiten te zamen een convergerend effect teweeg brengen.
Het doel van deze mogelijkheid is ervoor te zorgen dat de mensen binnen en rondom het project gezamenlijk het gevoel hebben dat zij hetzelfde eindresultaat binnen de gestelde tijd willen realiseren. Er is dan een collectief gevoel van richting aanwezig.

Expliciteren gemeenschappelijk belang: binnen het project

Het stimuleren van het collectieve gevoel van richting is mogelijk door in te spelen op de drijfveren achter dit gevoel.
Een collectief gevoel van richting is een noodzakelijke voorwaarde voor synergievorming: synergie zal slechts tot stand komen indien mensen het gevoel hebben dat ze een gemeenschappelijk doel nastreven en dat zij voor het bereiken van dit doel van elkaar afhankelijk zijn.

De eerste drijfveer is het bestaan van een duidelijk omschreven *doel*stelling. De omschrijving moet bovendien duidelijk maken zowel wat het project als geheel ten doel heeft (wat betekent dit project voor de organisatie), als welke subdoelstellingen hieruit afgeleid zijn voor diverse deelprojecten.

Een andere drijfveer ontstaat als in de beleving van de medewerker het omschreven doel binnen de gestelde *tijd* bereikbaar is. Alhoewel het project vaak primair gericht is op het bereiken van een gezamenlijk resultaat in de verdere toekomst, blijkt die verre toekomst vaak te vaag te zijn om een gevoel van bereikbaarheid te bieden. Deze toekomst is tastbaar te maken door vanaf het begin het project in fasen op te delen, per fase een planning met het te bereiken resultaat te bepalen en in een vroeg stadium een finale invoeringsdatum vast te stellen. Hiermee is het grote doel opgedeeld in heldere delen waarvoor een beperkte tijd beschikbaar is. Het is wel van belang zo veel als maar enigszins mogelijk is vast te houden aan de finale invoeringsdatum (hoe moeilijk dat soms ook is).

Naast het bereikbaar zijn van een duidelijk doel binnen de gestelde tijd is een goede en haalbare *planning* noodzakelijk. Aan het opstellen van de planning worden bij een groot project als HEFOS hoge eisen gesteld: er wordt gewerkt met meerdere teams die ieder multidisciplinair zijn samengesteld en wiens beschikbare tijd om het gestelde doel te bereiken beperkt is. Investeren in een goede onderbouwing van planningen is essentieel voor de betrouwbaarheid en geloofwaardigheid. Deze drijfveer valt overigens in het water indien vervolgens wordt gezegd 'toch moet het eerder af zijn' zonder daarbij aan te geven hoe dat te realiseren is.

In het project HEFOS is consequent vastgehouden aan de hier geformuleerde uitgangspunten. Het effect is dat na verloop van tijd het heldere doel door iedereen als bereikbaar wordt beschouwd. De grote aandacht die er in de lijnorganisatie is voor hoe het vroeger liep en hoe het nu loopt is hiermee vervangen door het gezamenlijk streven naar één doel wat in de nabije toekomst bereikt moet worden. Het in leven houden van deze drijfveren stelt overigens hoge eisen aan het *leiderschap* van de projectmanager en zijn teamleiders.

Deze mogelijkheid werkt onder andere positief op de bouwstenen: 'evenwicht tussen pijn en remedie' (de grote lijn in de gaten houden, niet te veel reageren op gebeurtenissen en niet te veel perfectie nastreven) en 'normen en waarden' (van het voorkomen van fouten naar een zelfstandige en open werkhouding).

Expliciteren gemeenschappelijk belang: rondom het project

Om te zorgen dat mensen rondom het project de van hen gewenste rollen kunnen vervullen moet allereerst een juist referentiekader bij hen worden opgebouwd. Niet alleen bij de start van het project maar ook gedurende het vervolg moet daartoe steeds weer het belang en de betekenis van het project voor de organisatie en voor de betrokkene zelf helder zijn. Overeenstemming en duidelijkheid over belang en betekenis van het project is een noodzakelijke randvoorwaarde voor het verkrijgen en zichtbaar maken van acceptatie en commitment.

Het gevolg van een actief werken aan een gemeenschappelijke beleving van het belang en de betekenis van het project HEFOS is een collectief gevoel, zowel binnen als rondom het project van waar het project naar toe moet gaan. Steeds wanneer de acceptatie of het commitment dreigt te verslappen, biedt dit collectieve gevoel een fundament waarop verder gebouwd kan worden.

4.4.2 Benutten van samenwerkingsrelaties: 'Rechteroog'

Volgens de mogelijkheden van het 'Linkeroog' is een samenwerking tussen de projectmedewerkers onderling en tussen de projectmedewerkers en hun omgeving ontstaan. Echter een goede samenwerking vereist ook dat de onderlinge relaties benut worden ten bate van het doel van het project (rechteroog).

Opbouwen verwachtings- patroon

De opstelling van projectmedewerkers en management ten opzichte van elkaar en de verstandhouding tussen projectorganisatie enerzijds en stakeholders en gebruikers anderzijds wordt in belangrijke mate beïnvloed door hun verwachtingspatronen. Vooral de mate waarin het project (en andere participanten) aan de verwachtingen voldoet is van groot belang. Bewust omgaan met elkaars verwachtingspatronen en het creëren van ruimte om deze te ontwikkelen is dan ook een volgende stap (doel) op weg naar een succesvolle samenwerking.

Opbouwen verwachtings- patroon: binnen het project

Voor het opbouwen van het verwachtingspatroon binnen het project wordt gebruik gemaakt van zogenaamde kritische specificaties. Het doel van aansturen met minimale kritische specificaties is alle betrokkenen actief te betrekken in de gezamenlijke opbouw van één verwachtingspatroon. De minimale kritische specificaties geven de essenties aan van wat de opdrachtgever verwacht van het project en welke spelregels bij de totstandkoming van de resultaten gelden. Binnen dit kader bestaat een maximale ruimte om het functioneren te optimaliseren en om tot creatieve oplossingen te komen.

In het project HEFOS blijkt het enige tijd te duren voordat de aansturing goed kan verlopen via (slechts) minimale kritische specificaties. Enerzijds heeft het management er moeite mee de eigen ideeën in hoofdlijnen te formuleren, anderzijds hebben de medewerkers er moeite mee niet langer exact te horen wat ze moeten doen. Na verloop van tijd groeit echter het vertrouwen van het management in de medewerkers. Opvallend is het groeiende enthousiasme onder de medewerkers naarmate ze zich meer 'medeverantwoordelijk' voelen voor het succes van het project.

Deze mogelijkheid werkt onder andere positief op de bouwstenen: 'evenwicht tussen pijn en remedie' (aansporen tot het beoordelen van situaties ten opzicht van het vereiste eindresultaat) en 'normen en waarden' (nadruk op eindresultaten in plaats van op voorkomen van fouten).

Opbouwen verwachtingspatroon: rondom het project

Niet alleen ten opzichte van elkaars bijdragen bestaan verwachtingen, ook over de te bereiken resultaten en de manier waarop deze resultaten tot stand komen heeft iedereen verwachtingen. Alhoewel we dit ook allemaal wel weten, wordt nog maar heel zelden actief ingespeeld op (de ontwikkeling van) bestaande verwachtingspatronen. Dit is des te meer onbegrijpelijk als we bedenken dat verwachtingspatronen vaak aanzienlijk verschillen en dat weerstand tegen veranderingen voor een belangrijk deel voortvloeit uit afwijkingen van het eigen verwachtingspatroon.

In het project HEFOS dreigde op een gegeven moment een grote breuk te ontstaan binnen de stuurgroep doordat de verwachtingen ver uit elkaar gingen groeien. De ene helft van de stuurgroep was enthousiast geraakt door de ontwikkelingen en begon een steeds glansrijker toekomstbeeld te etaleren voorzien van de meest fraaie technologische hoogstandjes en vernieuwingen. De andere helft van de stuurgroep echter was gecharmeerd van verhalen over evolutionaire ontwikkeling en zag niets in al die drastische ingrepen.

In een poging de 'evolutiedenkers' te overtuigen kwamen de 'vernieuwers' met een prototype. Dit had echter een averechts effect: de evolutiedenkers hadden een ideaalbeeld van een heel sobere toepassing, terwijl het prototype voorzien was van allerlei kleuren, toeters en bellen. Toen een pilot-implementatie vervolgens aantoonde dat ettelijke toeters en bellen niet haalbaar waren was dit koren op de molen van de evolutiedenkers. Zij lieten het dan ook niet na dit fijntjes onder de neus van de vernieuwers te wrijven, die vervolgens verwijtend naar het projectteam keken.

In een moeizame bijeenkomst is vervolgens het conflict op tafel gelegd en is expliciet aandacht besteed aan de van elkaar afwijkende verwachtingspatronen. Vervolgens zijn de verwachtingspatronen enkele keren onderwerp van bespreking geweest waarbij tevens besproken werd wat essentieel werd geacht en wat bijzaken zijn, wat realistisch was en wat een idealisering. Toen daarna de pilot nog een keer besproken werd, bleek een gemeenschappelijke conclusie geen enkel probleem meer te vormen.

De moraal van dit voorbeeld is: wees je bewust van elkaars verwachtingen en van de mate waarin gebeurtenissen of resultaten voldoen aan die verwachtingen. Voorkom bovendien te concrete verwachtingen in een vroeg stadium (de kans dat hier van afgeweken wordt is groot) maar concentreer op duidelijk herkenbare hoofdlijnen. En tot slot: het is beter in een vroeg stadium een iets minder florissante verwachting te creëren, die realistisch is, dan in een later stadium een teleurstelling teweeg te brengen ten opzichte van een droombeeld dat bij de start is neergezet.

Faciliteren mogelijkheid bijdrage te leveren

Als we weten wat we van elkaar verwachten is het nog niet vanzelfsprekend dat een ieder in staat is zijn rol te vervullen. Veranderen is geen vanzelfsprekende vaardigheid van iedereen. Vandaar dat het opbouwen van deze vaardigheden een belangrijk middel en doel ter assistentie van de samenwerkingspartners is.

Faciliteren mogelijkheid bijdrage te leveren: binnen het project

Veel projecten hebben te kampen met een continu gebrek aan voldoende en goede mensen en middelen. Het doel van het juist bieden van een (gepaste) overvloed aan capaciteit is om enerzijds met daden te laten zien dat het project echt belangrijk is en anderzijds, met name in de beginfase van het project, de opbouw van hoog producerende teams te faciliteren en de projectmedewerkers de benodigde tijd te gunnen om de vereiste vaardigheden te kunnen opbouwen.

Een voorwaarde om een groot project te kunnen realiseren is het beschikbaar hebben van voldoende ruimte (in tijd, geld en capaciteit) om te leren. Zeker in de beginfase van het project moeten de medewerkers leren met elkaar samen te werken in vaak onbekende teams met vaak onbekende middelen en volgens vaak onbekende werkmethodes. Als de planning van meet af aan te knellend is, als er te weinig geld is of als bijvoorbeeld met de afgedankte computers, bureaus en stoelen uit de staande organisatie gewerkt moet worden, zal langzamerhand alle initiatief en motivatie tot medewerking en continue verbetering verdwijnen.

Gebrek aan middelen zal men snel ervaren als te weinig commitment van de opdrachtgever om de opdracht uit te laten voeren (tenzij overduidelijk is dat de opdrachtgever niet meer middelen heeft; dan kan echter de vraag zijn of deze opdracht nog wel kans van slagen heeft). Deze mogelijkheid werkt onder andere positief op de bouwsteen 'evenwicht tussen pijn en remedie' (door voldoende capaciteit te bieden vervalt een continue pijnprikkel voortvloeiend uit te weinig mensen en/of middelen en worden veel remedies eerder als haalbaar ervaren).

Faciliteren mogelijkheid bijdrage te leveren: rondom het project

Het managen van projecten en het deelnemen aan projecten als materiedeskundige of als toekomstige gebruiker behoort over het algemeen niet tot de normale taken van de mensen van wie we dit vragen. Het is dan ook niet vanzelfsprekend dat een ieder zomaar in staat is een dergelijke rol te vervullen. Het gaat hierbij niet alleen om een mogelijk gebrek aan inhoudelijke kennis maar vooral om het vaak ontbreken van vaardigheden en ervaring met bijvoorbeeld vernieuwen, werken in onzekere omstandigheden en omgaan met tijdelijke situaties (per definitie het geval in projecten).

In het geval van het project HEFOS was dit wel heel duidelijk: men was gewend aan een zeer continu en constant werkproces met weinig veranderingen, en nu werd gevraagd om 'ineens' een rol te vervullen met betrekking tot een eenmalige en sterk vernieuwende activiteit. Iedereen stond in feite in een modus van 'leren met vallen en opstaan' en 'het de volgende keer iets beter doen'. In het kader van het project werd echter een anticiperende houding verwacht van eerst denken dan doen.

Door gebruikmaking van een expliciet trainings- en coachingprogramma is een groep medewerkers binnen de Stichting Zekerheid gecreëerd die de rol van vernieuwer en verkenner kan vervullen. Deze groep is vervolgens steeds gebruikt om deel te nemen in activiteiten waar een anticiperende en vernieuwende houding gewenst was. Zij vervulden daarmee de rol van *change agent*. Gezien het belang van deze veranderkundige rolvervulling is bovendien een relatief grote groep getraind, zodat in feite een 'overvloed aan veranderkundige capaciteit' ontstond.

Expliciteren bijdragen betrokken partijen

Weten we van elkaar wat we verwachten en zijn er voldoende vaardigheden opgebouwd, dan is de volgende stap afspraken maken over de weg waarlangs we aan de verwachtingen kunnen voldoen. Het verduidelijken van een ieders bijdrage (de sleutelrollen, die alle participanten vervullen) maakt de kans van slagen een stuk groter.

Expliciteren bijdragen betrokken partijen: binnen het project

Het doel van het expliciteren van bijdragen van betrokken partijen is de medewerkers te stimuleren samen te werken aan de realisatie van complete resultaten in plaats van ieder alleen aan een deelresultaat. Het effect is het ontstaan van teamwork waarbij teams intern een sterke samenhang vertonen terwijl de teams onderling relatief onafhankelijk kunnen opereren.

Bij de start van het project HEFOS is een projectorganisatie opgericht en in een apart gebouw gehuisvest. De projectorganisatie bestaat uit vier teams met ieder een teamleider. Ieder team is multidisciplinair opgezet met leden uit de afdeling automatisering aangevuld met externe medewerkers, gebruikers uit verschillende afdelingen en medewerkers van de stafafdeling administratieve organisatie en de interne accountantsdienst. Samen met de projectmanager vormen de teamleiders het projectmanagementteam. De projectmanager vormt samen met een aantal directieleden van de lijnorganisatie de stuurgroep.

In de praktijk heeft de multidisciplinaire samenstelling van alle teams, die bovendien gedurende een belangrijk deel van de werkweek bij elkaar gehuisvest waren, ertoe geleid dat het normaal werd om samen aan resultaten te werken, in plaats van ieder voor zich. Ook buiten de projectorganisatie is deze verandering merkbaar: steeds vaker lopen medewerkers even naar een andere afdeling om iets af te stemmen.

Deze mogelijkheid werkt onder andere positief op de bouwsteen: 'veranderkundige vaardigheden' (het vergroten van de onderlinge afhankelijkheid voor het bereiken van het eindresultaat binnen een team stimuleert tot de verschillende fases van synergievorming).

Expliciteren bijdragen betrokken partijen: rondom het project

Gedurende het verloop van het project wordt er het nodige verwacht zowel van de mensen binnen de projectorganisatie als ook van de mensen daaromheen. Lang niet altijd is echter voor een ieder expliciet duidelijk welke bijdrage in welke fase van het project verwacht wordt. Regelmatig aandacht besteden aan een ieders rol en het belang daarvan voor het project vergroot de betrokkenheid maar (belangrijker nog) biedt mensen de gelegenheid zich in de loop der tijd steeds meer te binden met het projectdoel en vergroot aldus de acceptatie.

Bij de start van het project HEFOS waren eigenlijk alleen de automatiseerders dagelijks bezig met projectactiviteiten. De betrokkenheid van anderen bestond voornamelijk uit het reageren op vragen van de automatiseerders. Dit actie/reactie-spel begon echter al snel tot wederzijdse frustraties te leiden: de automatiseerders vonden dat de antwoorden te lang op zich lieten wachten, en de anderen vonden dat de vragen te onvoorspelbaar op hen afkwamen hetgeen het gevoel gaf dat men altijd maar klaar moest staan en tijd moest hebben.

Naar aanleiding van enkele incidenten zijn we samen om tafel gaan zitten om aan de hand van een veranderkundige rollenverdeling een ieders bijdrage te bespreken. Aanvankelijk leek zich een spinneweb te vormen, maar na enig verder zoeken bleek voor een ieder een continue lijn van bijdragen te formuleren.

Het effect van deze bijeenkomst (die later nog enkele keren is herhaald) was dat niet alleen ieder individueel beter wist wat van hem/haar werd verwacht, maar ook dat men meer begrip voor elkaars rollen kreeg. Een grotere wederzijdse betrokkenheid en acceptatie was duidelijk merkbaar.

4.4.3 De ontwikkeling van de samenwerkingsrelaties: 'Neus'

Naast het aangaan van relaties (linkeroog) en het benutten van deze relaties (rechteroog) speelt er een tijdsaspect: aan het begin van het project is een geheel ander netwerk aan samenwerkingsrelaties van belang dan halverwege of aan het eind van het project. Het stapsgewijs verdiepen van de motivatie om in het project te participeren is de sleutel tot het ook op langere termijn levend houden van de synergie en de goede samenwerking binnen en rondom het project. De behandeling is niet gericht op een eenmalig wegnemen van verschijnselen, maar tevens op het voorkomen van nieuwe ziektes (of het anticiperen op onvermijdelijke ziektes bijvoorbeeld gekoppeld aan groeifases van het project).

Verdiepen motivatie tot samenwerken: binnen het project

Een van de belangrijkste kenmerken van grote IT-projecten is dat eigenlijk altijd tijdens de rit zaken wijzigen (of dan pas duidelijk worden) waar het project flexibel op in moet spelen. Aangezien IT-projecten tegenwoordig vrijwel altijd samengaan met organisatieveranderingen is het ook te begrijpen dat veranderingen tijdens de rit optreden. Met andere woorden de reactie moet niet zijn te proberen alles van te voren vast te leggen maar moet zijn flexibiliteit in het project in te bouwen zodat veranderende omstandigheden adequaat ingepast kunnen worden.

De doelstelling van aansturen op een maximaal leervermogen is de benodigde flexibiliteit in het gehele project te verankeren. De projectorganisatie wordt bij wijze van spreken een kameleon-familie die samen een kleurenpalet vormt dat past bij de steeds wijzigende omgeving waarin het project tot een succesvol eindresultaat moet zien te komen. Actief aansturen op een maximaal leervermogen werkt positief op alle bouwstenen, maar met name ook op de 'veranderkundige vaardigheden' (het steeds weer zoeken van hogere 'synergie-niveaus').

Ook het project HEFOS is te kenschetsen als een veranderingsproces, waarbij bovendien de externe omgeving grote veranderingen te zien geeft. Binnen de eigen organisatie voltrekt zich in feite een overgang naar een nieuwe 'Nolan-fase'. Dit leidt onder andere tot een verandering in de werkwijze van de automatiseerders en daarmee verband houdend een verandering in de eisen die aan de producten die zij opleveren te stellen zijn (standaards en normen).

In het project is hier op ingespeeld door bij elk mijlpaaltraject bij de start vast te stellen welke standaards en normen haalbaar zijn en aan het slot te evalueren of dit gelukt is en wat de volgende stap kan zijn. Met het mee-evalueren van normen is getracht een leereffect 'van een tweede orde' te initiëren. Op analoge wijze wordt ook omgegaan met planningen en functioneel-inhoudelijke uitgangspunten (bijvoorbeeld: bij de start een detailontwerptraject vaststellen welke delen van het basisontwerp worden uitgewerkt, en bij oplevering van het detailontwerp evalueren in hoeverre dit gelukt is en wat voor vervolgacties – al dan niet wijzigen basisontwerp – moeten volgen).

In het project geschieden dergelijke evaluaties op verschillende niveaus. Op projectniveau is het een gezamenlijke activiteit van de projectleiders en hun projectmanager. Op teamniveau is het een gezamenlijke activiteit van de teamleden en hun teamleider. Onafhankelijk van het niveau worden de resultaten van de evaluatie en de eventueel hieruit voortvloeiende acties naar alle projectleden teruggekoppeld. In het project HEFOS blijkt dat dergelijke evaluaties ondanks de vaak aanvankelijke twijfel (moet die evaluatie nou, we hebben het al zo druk) erg nuttig zijn.

Het effect van de frequente evaluaties en het mee-evalueren van de uitgangspunten, planningen en standaards en normen, is dat bij werkelijk wijzigende omstandigheden het project snel mee kan veranderen, terwijl tegelijkertijd eenmaal samen vastgestelde afspraken door alle betrokkenen worden verdedigd tegen onterechte wijzigingen. Al met al is een gezond en vrij natuurlijk evenwicht ontstaan tussen flexibel aanpassen aan omstandigheden en vasthouden aan gemaakte afspraken.

Verdiepen motivatie tot samenwerken: rondom het project

De reden waarom mensen medewerking verlenen aan een project kan zeer verschillend zijn. Sterker nog, de reden of drijfveer zal wijzigen naarmate iemand langer en intensiever betrokken raakt. In het begin ligt de drijfveer waarschijnlijk vooral in interesse, opdracht of een bewustzijn van noodzaak. Vervolgens zal de drijfveer steeds meer voortvloeien uit een meer diepgaand begrip en een gefundeerde positieve perceptie. Uiteindelijk kan dit uitgroeien tot een heilige overtuiging.

Gedurende het project HEFOS zijn ruim honderd mensen in meer of mindere mate betrokken geweest bij het project. Van al die mensen moest op enig moment de medewerking worden verkregen en behouden. Het verkrijgen van die medewerking was geen eenvoudige zaak: er heerste een cultuur van argwaan en vasthouden aan verworven zekerheden. Als gevolg van deze cultuur bleek de medewerking steeds weer af te nemen, tenzij een bepaalde drempel in de motivatie tot medewerking was overschreden: het moment waarop iemand uit eigen beweging achter het project ging staan.

Met behulp van voorlichting over veranderingstheorie is het verschijnsel aan managers en andere sleutelfiguren rondom het project uitgelegd (zie figuur 4.3). Aan de hand van dit model werd steeds besproken waarom iemand wel of niet mee wilde werken, en vervolgens gestimuleerd om weer een stap verder te doen in de richting van 'internalisatie'.

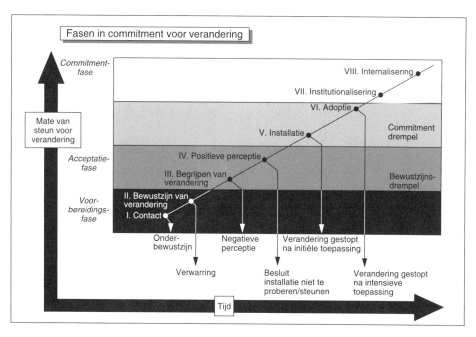

Figuur 4.3.   Fasen in commitment voor verandering, niveaus van adaptatie en kans op terugval of afhaken. Bron: ODR/KPMG.

4.5 Conclusie

Binnen het project

In menig project richt het projectmanagement zich vooral op de inhoud en de structuur van het project. Gedrag en in mindere mate de prestatie van een medewerker worden hierbij als een gegeven beschouwd. In dit hoofdstuk is beoogd aan te tonen dat het gedrag en de prestatie wel degelijk te sturen c.q. te beheersen zijn.

De kosten die verbonden zijn aan het positief beïnvloeden van het gedrag van projectmedewerkers bestaan vooral uit het beschikbaar stellen van (meer) tijd, geld en inspanning in de beginfase van het project. De baten komen naar voren in de vorm van een hoge productiviteit onder moeilijke omstandigheden. Deze omstandigheden ontstaan onder andere tijdens de lastige eindfase van een project. Per saldo is het resultaat van kosten en baten duidelijk positief voor het project.

Rondom het project

In tegenstelling tot wat vaak wordt gedacht zijn commitment van het management en betrokkenheid van gebruikers geen randvoorwaarden waar een projectorganisatie maar mee moet leren leven. Het is de taak van de projectmedewerkers, en in het bijzonder de projectmanager, om actief te werken aan het opbouwen en in stand houden van commitment en acceptatie. Uiteraard is het evenzeer de taak van de projectomgeving, en met name de opdrachtgever, om het de projectorganisatie op dit punt zo makkelijk mogelijk te maken.

Door van meet af aan een scala aan activiteiten uit te voeren is het zeer wel mogelijk het commitment en de betrokkenheid op een voldoende niveau te brengen en te houden. In dit hoofdstuk zijn diverse vormen van dergelijke activiteiten aangereikt. Het is de kunst om met dit palet in de hand iedere keer opnieuw de juiste toepassing te kiezen zodat een op de situatie toegesneden compositie ontstaat.

5 De waarde van administratieve organisatie bij complexe IT-projecten

Drs. J. F. H. Vrins

5.1 Inleiding

Het (her)ontwerpen en inrichten van de bedrijfsprocessen en de daarbij behorende (administratieve) organisatie is één van de aspecten binnen een complex IT-project (zie hoofdstuk 1). Om de kwaliteit van de totale informatievoorziening binnen organisaties te waarborgen, moeten de ontwikkelde IT-toepassingen en de inrichting van de (administratieve) organisatie perfect op elkaar aansluiten. Het inrichten en beschrijven van de administratieve organisatie (AO) dient dan ook een geïntegreerd onderdeel te vormen van ieder IT-project.

In dit hoofdstuk wordt beschreven waarom en hoe deze integratie tijdens een complex IT-project dient plaats te vinden. Kernpunt in de voorgestelde benadering is dat de AO-discipline een duidelijk gedefinieerde rol moet krijgen in IT-projecten, waarbij heldere producten worden opgeleverd.

5.2 AO: een klassiek vak met waarde voor de toekomst

Het begrip administratieve organisatie (AO) wordt in de literatuur doorgaans gedefinieerd als: 'het systematisch verzamelen, vastleggen en verwerken van gegevens gericht op het verstrekken van informatie ten behoeve van het besturen, beheersen en doen functioneren van de organisatie en ten behoeve van de verantwoording, die daarover moet worden afgelegd' ([Starreveld, 1985]).
De 'klassieke' AO heeft vooral betrekking op de inrichting van het (financiële) informatiesysteem ten behoeve van de besturing en beheersing van de primaire en secundaire processen binnen een organisatie (zie figuur 5.1).

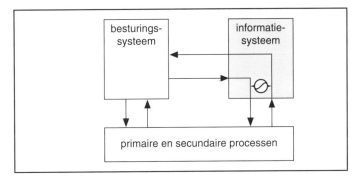

Figuur 5.1.   Onderzoeksgebied 'klassieke' AO.

Hoewel het informatiesysteem het primaire onderzoeksgebied van de AO is (ook wel bestuurlijke informatievoorziening genoemd), strekt haar werkgebied zich tevens uit tot de primaire en secundaire processen. Om bijvoorbeeld de betrouwbaarheid van de aangeleverde gegevens te waarborgen, worden in het primaire proces tegengestelde belangen (functiescheiding) gecreëerd en worden aan de gehele organisatie voorschriften verstrekt over de wijze van gegevensverwerking (procedures).

In dit hoofdstuk wordt uitgegaan van een 'brede' definitie van AO, waarbij de inrichting van de primaire processen (gebaseerd op de producten die worden voortgebracht), de organisatiestructuur en de bijbehorende informatievoorziening centraal staan. Daarbij wordt niet alleen gekeken naar het kwaliteitsaspect betrouwbaarheid, maar worden meerdere kwaliteitsaspecten (betrouwbaarheid, flexibiliteit, snelheid, enz.) meegenomen.

Vanuit deze 'brede' definitie van AO is het zeer belangrijk om bij de ontwikkeling van de IT-toepassingen rekening te houden met de inrichting van de AO. Vanuit deze inrichting worden immers eisen gesteld waaraan de IT-toepassing moet voldoen. Deze eisen betreffen de inrichting van processen, de structuur van de organisatie, de taken, bevoegdheden en verantwoordelijkheden, de interne controle eisen enzovoorts. Indien tijdens de ontwikkeling van IT-toepassingen geen wederzijdse afstemming plaatsvindt, zal de IT-toepassing niet voldoen aan de eisen die de organisatie daaraan stelt.

Het aandachtsgebied AO kan binnen een organisatie bij verschillende functionarissen zijn ondergebracht (zowel in de lijnorganisatie als in de stafafdelingen). Waar in dit hoofdstuk wordt gesproken over de AO-discipline kan men bijvoorbeeld denken aan de afdeling AO of de afdeling

IC (interne controle), maar ook aan functionarissen zoals de controller, het hoofd van de financiële administratie, de financieel manager, etcetera.

5.3 Systeemontwikkeling: noodzaak voor verandering

In de praktijk blijkt dat het ontwikkelen van een IT-toepassing vaak onafhankelijk geschiedt van het inrichten en beschrijven van de AO in en rondom het systeem. De volgende drie situaties komen vaak voor (zie figuur 5.2):

- Aan het eind van een systeemontwikkelingstraject (na de implementatie) realiseert men zich opeens dat er nog aandacht besteed moet worden aan de AO. Een aantal personen van de afdeling Administratieve Organisatie draagt dan zorg voor de aanpassing van de bestaande AO-beschrijvingen aan het nieuwe informatiesysteem (situatie 1).
- Voor een nieuw te ontwikkelen informatiesysteem wordt een projectteam samengesteld dat verantwoordelijk is voor de (technische) realisatie van het systeem (IT- systeemontwikkeling en infrastructuur). Het projectteam bestaat uit een projectleider en een aantal informatie-analisten, ontwerpers en programmeurs. Daarnaast bestaat er een afdeling Administratieve Organisatie die op eigen wijze zorg draagt voor de inrichting en beschrijving van de AO. Er is dus sprake van gescheiden trajecten, die door twee compleet verschillende groepen mensen worden uitgevoerd (situatie 2).
- Na een grootschalig AO-traject, waarbij de toekomstige inrichting van de organisatie, de taken, bevoegdheden en verantwoordelijkheden en de (handmatige) procedures met betrekking tot de gewenste gegevensverwerking volledig zijn uitgewerkt, realiseert men zich dat dit ook wel eens consequenties kan hebben voor de geautomatiseerde informatiesystemen. Deze zijn immers *ook* bedoeld voor een deel van de gegevensverwerking. De wijzigingen in de (administratieve) organisatie betekenen grote aanpassingen van de bestaande geautomatiseerde systemen. Het is zelfs de vraag of ze niet vervangen moeten worden (situatie 3).

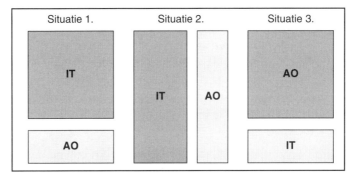

Figuur 5.2.   'Integratie' AO en IT in de praktijk.

Van afstemming tussen de ontwikkelde IT-toepassing en de (nieuwe) AO is vaak geen sprake. Daardoor worden de voordelen die men kan behalen door al tijdens een IT-project op een geïntegreerde wijze aandacht te besteden aan de inrichting van de AO niet behaald. Deze voordelen zijn:

- een betere inrichting van de werkprocessen (voordelen van herontwerp worden behaald);
- een betere afstemming van de IT-toepassingen op de producten, werkprocessen en de organisatiestructuur;
- goede afstemming van de geautomatiseerde processen en de handmatige procedures;
- er is aandacht voor organisatieverandering als gevolg van invoering IT-toepassingen;
- een verhoging van de acceptatie door gebruikersorganisatie;
- een verlaging van de kosten van onderhoud en beheer.

Om de bovengenoemde voordelen te behalen dient men tijdens een IT-project ook aandacht te besteden aan de inrichting van de AO in en rondom de nieuwe IT-toepassing.

5.4   Relatie tussen de vier typen IT-projecten en de inrichting van de AO

Zoals in hoofdstuk 1 reeds gesteld, kan men in het algemeen in de praktijk vier typen IT-projecten onderscheiden, te weten:

- IT als 'hulpmiddel';
- IT als 'beheersinstrument';
- IT als 'verbeterinstrument';
- IT als 'strategisch wapen'.

Bij elk van deze IT-projecten is het van belang aandacht te besteden aan de inrichting van de AO. Echter afhankelijk van het type IT-project dient men een andere invulling te geven aan de inrichting van de AO (van 'procedure-krassen tot fundamentele herinrichting'). Verder is ook de mate van integratie tussen AO en IT-systeemontwikkeling afhankelijk van het type IT-project. Hieronder zullen de vier typen IT-projecten in dat kader worden besproken.

IT als 'hulp-middel'

De inrichting van de AO bestaat bij dit type IT-project met name uit het beschrijven van de (handmatige) processen door middel van procedurebeschrijvingen. Hieruit blijkt onder meer wie (of welk deel van het systeem), welke handelingen verricht en welke informatie daarvoor nodig is. Expliciet zichtbaar worden interfaces tussen geautomatiseerde processen en handmatige processen (enige afstemming tussen beide is dus wenselijk).

IT als 'beheers-instrument'

De sturing en beheersing van de processen en de daarmee samenhangende (bestuurlijke) informatievoorziening staat centraal bij het tweede type IT-project. De klassieke AO-discipline richt zich van oudsher al op deze vraagstukken. Er dient dan ook sprake te zijn van een goede afstemming tussen AO en IT, omdat ze samen invulling dienen te geven aan de beheersing van de processen, de daarmee samenhangende informatie en de daarvoor benodigde geautomatiseerde IT-toepassingen. Naast het beschrijven van de processen, dienen zaken als meet- en regelmechanismen, stuur- en verantwoordingsinformatie, interne controle maatregelen (zowel handmatig als geautomatiseerd) uitgewerkt te worden.

IT als 'verbeter-instrument'

Bij IT als 'verbeterinstrument' staat de (her)inrichting van processen (inclusief de sturing en beheersing van de processen) centraal. Daarnaast vindt er bij dit type IT-projecten vaak een verschuiving van de taken, bevoegdheden en verantwoordelijkheden van de betrokken functionarissen plaats. Het tegenwoordige vakgebied AO richt zich sterk op deze vraagstukken. Een volledige integratie van AO en IT *tijdens* het ontwikkelen van IT-toepassingen is van doorslaggevende betekenis voor het welslagen van het IT-project.

IT als 'strategisch wapen'

Een fundamentele (her)inrichting van de bedrijfsprocessen en de organisatiestructuur is het concept bij het (voorlopig) laatste type IT-project. De bestaande situatie wordt volledig losgelaten en redenerend vanuit de klanten (afnemers), doelstellingen, kritieke succesfactoren en besturingsfilosofie wordt een volledig nieuwe situatie ontworpen. AO en IT worden bij dit type IT-project volledig geïntegreerd, omdat bij deze fundamentele (her)inrichting de mogelijkheden van IT en AO volledig worden benut.

In het vervolg zal aan de hand van een algemene fasering van een IT-project worden aangegeven welke AO-producten in iedere fase dienen te worden opgeleverd. De beschreven aanpak richt zich met name op de inrichting van de AO bij de type IT-projecten twee ('beheersinstrument') en drie ('verbeterinstrument').

5.5 Algemene fasering IT-project

In een IT-project kan men grofweg de volgende fasen of stappen onderscheiden: plannen, analyseren, globaal ontwerpen, detail ontwerpen, bouwen, testen, invoeren, exploiteren, beheren, evalueren en bijstellen (zie figuur 5.3).

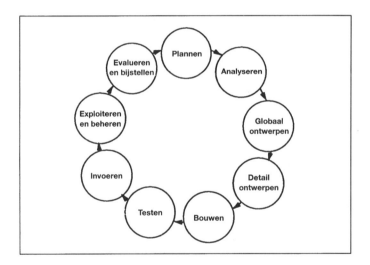

Figuur 5.3.   Algemene fasering IT-project.

Deze fasering geeft de algemene levenscyclus weer van een informatiesysteem. Een informatiesysteem is geen statisch geheel; het is voortdurend aan verandering onderhevig. Het is daarom een levenscyclus: de fasen of stappen zijn niet lineair, maar cyclisch, zonder begin of einde (zie nogmaals figuur 5.3).

5.6   Maatwerk versus standaardpakket

Tegenwoordig wordt bij het realiseren van geautomatiseerde informatie-systemen steeds minder gebruik gemaakt van maatwerksystemen en steeds meer van standaardpakketten. Dit heeft als voordeel dat de ontwikkeltijd korter is: men koopt een min of meer kant en klaar informatiesysteem (wat men ziet is wat men krijgt). Daar staat tegenover dat men minder flexibel is: de functionaliteit van het systeem ligt op hoofdlijnen vast. In figuur 5.4 is de fasering weergegeven voor zowel een maatwerksysteem als voor de selectie en implementatie van een standaardpakket ([Koedijk, 1993]).

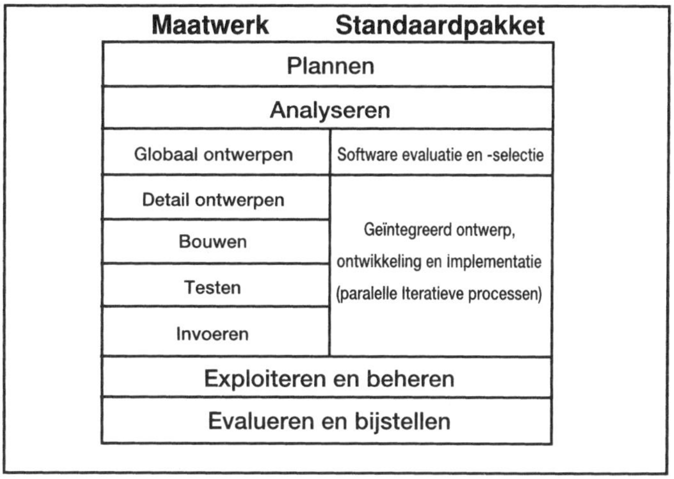

Maatwerk	Standaardpakket
Plannen	
Analyseren	
Globaal ontwerpen	Software evaluatie en -selectie
Detail ontwerpen	Geïntegreerd ontwerp, ontwikkeling en implementatie (paralelle Iteratieve processen)
Bouwen	
Testen	
Invoeren	
Exploiteren en beheren	
Evalueren en bijstellen	

Figuur 5.4.   *Fasering maatwerk versus standaardpakket.*

Zoals uit deze figuur blijkt is de fasering van beide trajecten op hoofdlijnen gelijk. Bij standaardpakketten worden de fasen detail ontwerpen, bouwen, testen en invoeren parallel en iteratief uitgevoerd.

5.7   Aandacht voor AO

Het ontwikkelen van een IT-toepassing kan alleen slagen als *tijdens* het project zowel aandacht wordt besteed aan de 'harde' IT-aspecten als aan de AO-aspecten. De inbreng van beide disciplines varieert per fase van het IT-project (zie figuur 5.5). Omdat in de eerste fasen van een IT-project het accent vooral ligt op de (her)inrichting van de (bedrijfs)processen en de afstemming van de te ontwikkelen IT-toepassingen op de organisatie dient de AO-discipline hierbij een belangrijke inbreng te hebben. Naarmate het traject vordert verschuift het accent naar de technische inrichting van het informatiesysteem. Bij de invoering van het informatiesysteem dient de betrokkenheid van de AO-discipline wederom groot te zijn om daarmee de afstemming op de organisatie (zoals gespecificeerd in de voorgaande fasen) te bewerkstelligen.

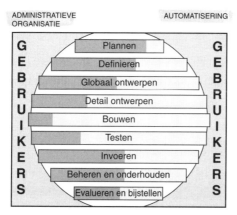

Figuur 5.5.   *IT- en AO-aspecten in de verschillende fasen van een IT-project.*

Aan de hand van de bovenstaande fasering wordt in de volgende subparagrafen per fase van een IT-project aangegeven hoe deze vanuit de voorgestelde integrale benadering wordt ingevuld. Ook wordt telkens aangegeven wat de rol van de AO-discipline daarbij is. Een aantal producten wordt te zamen met de IT-discipline opgeleverd (de zogenaamde gemeenschappelijke producten). Deze producten zijn aangegeven met een '*'.

5.7.1   Plannen

Tijdens de planningsfase werkt men veelal aan een overall-beeld van de huidige en gewenste informatievoorziening, de achterliggende beleidsuitgangspunten, de op te lossen problemen en/of wenselijke vernieuwingen, de mogelijke IT-projecten met hun investeringen en prioriteiten, en het overall-realisatietraject (doorlooptijd, inzet van mensen en middelen enzovoorts).

In deze fase dient een gemeenschappelijke basis te worden gelegd voor het geïntegreerd ontwikkelen van IT-toepassingen (het geautomatiseerde deel van het informatiesysteem en de bijbehorende (administratieve) organisatie).

De AO-discipline kan in deze fase een rol vervullen bij het signaleren van knelpunten en/of gewenste vernieuwingen in de financiële informatiesystemen. Daarnaast kan de AO-discipline een bijdrage leveren aan de geïntegreerde beschrijving op hoofdlijnen van de huidige en gewenste informatievoorziening voor zowel de geautomatiseerde systemen als de bijbehorende administratieve systemen en procedures. Gemeenschappelijke producten (van zowel AO als IT) in deze fase zijn:

- beleidsuitgangspunten van de gewenste situatie (besturingsfilosofie, kritieke succesfactoren, organisatie van de informatievoorziening, informatiesysteem architectuur en IT-infrastructuur)*;
- globale modellen van de huidige en gewenste situatie (producten, bedrijfsprocessen, gegevens en structuren)*;
- knelpunten en verbeterpunten in de informatievoorziening*;
- projectenplan (projectdefinities en uitgangspunten realisatietraject)*.

5.7.2 Definiëren

Tijdens de definitiefase wordt de huidige situatie voor één deel(systeem) van de informatievoorziening in kaart gebracht. Vaak richt men zich bij deze beschrijving direct op de gewenste systeemfuncties en benodigde gegevens. Men verzuimt echter goed na te denken over de bedrijfsprocessen die door het informatieproces worden ondersteund, de structuur waarbinnen die bedrijfsprocessen zich afspelen, de daarbij behorende taken, verantwoordelijkheden en bevoegdheden, hoe die bedrijfsprocessen worden bestuurd enzovoorts. En dit is nu juist het gebied waarop de AO-discipline bij uitstek deskundig is.

Sturing en beheersing van de organisatie met behulp van informatie staan hierbij centraal (managementinformatie). De AO-discipline kan aangeven hoe deze managementinformatie op betrouwbare wijze tot stand kan komen. Dit mede in relatie tot het nieuw te realiseren informatiesysteem. Mogelijke producten die de AO-discipline kan maken zijn:

- globale beschrijving van de huidige situatie per deelsysteem (producten, bedrijfsprocessen, gegevensstromen en structuren)*;
- beschrijving van de knelpunten en verbeterpunten*;
- globale beschrijving van de gewenste situatie per deelsysteem (producten, bedrijfsprocessen, gegevensstromen en structuren)*;
- globale beschrijving van de meet- en regelmechanismen;
- globale beschrijving van de stuur- en verantwoordingsinformatie (managementinformatie);
- globale beschrijving van de taken, bevoegdheden en verantwoordelijkheden;
- interne controle eisen per deelsysteem (controle-doelstellingen).

5.7.3 Globaal ontwerpen

Veelal wordt tijdens deze fase alleen aandacht besteed aan de verdere detaillering van de systeemfuncties (functiemodel) en de benodigde gegevens (datamodel).

Echter, men zou op basis van de resultaten van de voorgaande fase nu (idealiter) het bedrijfsproces inclusief de administratief-organisatorische specificaties en IC opnieuw moeten ontwerpen en beschrijven. Vanuit de beschrijving van dit nieuwe proces moet het (ondersteunende) informatieproces worden ontworpen via een functiemodel en datamodel.

De AO-discipline kan hier een bijdrage leveren door kritisch de bedrijfsprocessen, de bijbehorende structuur, functies, taken, verantwoordelijkheden en bevoegdheden te bezien. Daarbij wordt in het bijzonder een relatie gelegd met de noodzakelijke functiescheidingen en de optimale mix van IC-maatregelen. De producten met betrekking tot de gewenste situatie zoals die in de fase analyseren zijn opgesteld, worden in deze fase nader uitgewerkt. Daarnaast kan de AO-discipline de volgende producten maken:

- ontwerp gewenste informatievoorziening (producten, handmatige en geautomatiseerde processen en gegevensstromen)*;
- uitwerking van de gewenste meet- en regelmechanismen, stuur- en verantwoordingsinformatie, taken, bevoegdheden en verantwoordelijkheden en functiebeschrijvingen;
- beschrijving van interne controle maatregelen zowel binnen als buiten het geautomatiseerde systeem (op basis van de gedefinieerde interne controle eisen);
- ontwerp gewenste organisatiestructuur;
- opzet procedures (globale processchema's) en risico-analyse;
- procedurebeschrijvingen.

5.7.4 Detail ontwerpen

In deze fase dienen niet alleen de systeemfuncties (functiemodel) en de gegevens (datamodel) nader te worden uitgewerkt en ontworpen. Vanuit de nadere uitwerking van de processen (procesmodel) zal óók de AO van/rondom het informatiesysteem verder worden gedetailleerd richting procedures en werkinstructies. Gebruikersopleidingen, functie- en taakbeschrijvingen kunnen aan het eind van deze fase eveneens zijn ontworpen. Dit is tevens het laatste moment voor de afweging van het al dan niet automatiseren van bepaalde IC-maatregelen.

Het bovenstaande vraagt tevens een bijdrage van de AO-discipline. Produkten die opgeleverd worden, zijn:

- werkinstructies;
- formulierontwerp en lay-out van rapporten (in nauwe relatie met het ontwerpen van schermen en dialogen);
- technische uitwerking van geautomatiseerde IC-maatregelen;
- analyse en ontwerp werkplekken.

5.7.5 Bouwen

Het bouwen betekent zoals eerder gezegd méér dan het ontwikkelen van geautomatiseerde systemen: het inrichten van de nieuwe (administratieve) organisatie en het toerusten van de gebruikers voor de nieuwe werkwijzen en structuren, behoren in deze fase plaats te vinden. Dus: feitelijk opleiden, (her)inrichten van werkplekken, samenstellen van handleidingen, enzovoorts.

5.7.6 Testen

Het geautomatiseerde deel van het informatiesysteem dient in deze fase te worden getest in combinatie met de nieuw ontworpen bedrijfsprocessen en de AO (structuur, taken, bevoegdheden, verantwoordelijkheden, procedures enzovoorts). Het is de gehele, nieuwe organisatie die in haar werking wordt beproefd. Helaas wordt nog altijd in veel situaties alléén het geautomatiseerde systeem getest, zodat men pas na de invoering allerlei feilen ontdekt in het samenspel van 'mensenwerk' en 'computerwerk'.

De AO-discipline zal in deze fase meedenken over de wijze waarop de AO en IC dienen te worden getest. Let wel: het gaat hierbij niet alleen om de geautomatiseerde controlemaatregelen maar om het testen van de totale mix van handmatige en geautomatiseerde controlemaatregelen. Typische AO-producten in deze fase zijn:

- test procedures en werkinstructies;
- test gebruik formulieren;
- test informatiesysteem in relatie tot AO (specifieke testgevallen AO/IC als onderdeel van het testen);
- testrapport.

5.7.7 Invoeren

De AO moet gelijk met het geautomatiseerde deel van het informatiesysteem worden ingevoerd. De AO-discipline is verantwoordelijk voor de overdracht van werkwijzen en procedures aan de gebruikers.

Men moet zich bijtijds afvragen hoe de overgang naar het nieuwe systeem zal plaatsvinden: In één keer (de 'big bang')? Of gefaseerd (met alle vraagstukken van schaduwdraaien, dubbele registraties en dergelijke)? En zoals altijd moet de vraag zijn beantwoord, wélke historische gegevens méé worden geconverteerd naar de nieuwe situatie.

5.7.8 Exploiteren en beheren

Naast het geautomatiseerde deel dient ook het niet-geautomatiseerde deel van het informatiesysteem te worden geëxploiteerd en beheerd. Het integrale systeembeheer zoals wij dat voorstaan omvat niet alleen het bewaken van de samenhang tussen de beide delen van het informatiesysteem, maar ook het gericht houden van het geheel op de veranderende doelstellingen en eisen van de organisatie en haar omgeving.

5.7.9 Evalueren en bijstellen

'Als we het nieuwe informatiesysteem hebben ontwikkeld, zijn alle problemen van nu voor de eeuwigheid opgelost.' Dit is in de praktijk één van de grootste misvattingen omtrent automatisering. Het periodiek evalueren en op basis daarvan bijstellen van het informatiesysteem (geautomatiseerd en handmatig) is een vereiste voor een blijvend goede informatievoorziening.

Periodiek dienen de bedrijfsdoelstellingen, de kritische succesfactoren, de daarvan afgeleide inrichting van de bedrijfsprocessen en de prestatieindicatoren voor de ondersteuning door informatiesystemen te worden geëvalueerd en eventueel bijgesteld. De AO-discipline kan in deze fase door middel van het uitvoeren van een audit een bijdrage leveren. Deze audit kan betrekking hebben op de bovengenoemde aspecten.

5.7.10 Zeven gouden regels voor integratie AO en IT

De disciplines AO en IT trekken, zeker in de voorgestelde integrale aanpak, steeds meer naar elkaar toe. De doelstelling en het ambitieniveau van een IT-project zijn gebaat bij duidelijkheid over het gewenste functioneren van een organisatie (de integratie van AO en IT leidt tot daadwerkelijke verbeteringen in de totale organisatie). Daarnaast zorgt de integratie van AO en IT er ook voor dat de doelstelling en het ambitieniveau van een IT-project worden behaald (de verbeteringen worden ook daadwerkelijk gerealiseerd).

Dat de hiervoor besproken aanpak in de praktijk niet altijd even makkelijk toepasbaar is, moge duidelijk zijn. De oorzaak hiervoor is dat het binnen een IT-project zeer lastig is de disciplines AO en IT op een goede wijze te integreren. Het zijn toch nog altijd twee verschillende werelden met ieder hun eigen cultuur, taal, methoden, technieken enzovoorts.

Aan het slot van deze paragraaf wil ik daarom zeven 'gouden regels' noemen die van belang zijn voor een succesvolle integratie van AO en IT tijdens een IT-project.

1. *Stel 'procesdenken' centraal*
   De basis voor de integratie van AO en IT is gebaseerd op het 'procesdenken'. Vanuit het proces wordt enerzijds de AO verder ingericht en wordt anderzijds de IT-toepassing verder ontwikkeld (systeemfuncties, gegevens en technische infrastructuur).

2. *Schakel AO-discipline vroeg in (AO is leidend in eerste fasen)*
   De inrichting van de processen (gebaseerd op de producten) en de inrichting van de organisatie zouden leidend moeten zijn in ieder IT-project.

3. *Definieer gemeenschappelijke producten*
   De AO- en IT-discipline dienen samen na te denken over de gemeenschappelijke producten (zie de producten met een '*' in de fasering).

4. *Spreek elkaars taal: opleiden*
   Bij aanvang van het IT-project dienen de betrokken AO- en IT-medewerkers opgeleid te worden om een gemeenschappelijke basis te creëren (twee denkwerelden moet tot één worden samengesmolten).

5. *Houd bij de invulling van producten rekening met het type IT-project*
   Niet alle AO-producten dienen *altijd* opgeleverd te worden. Afhankelijk van het type IT-project worden de producten bepaald die opgeleverd dienen te worden (deze worden dus situationeel bepaald).

6. *Voer integratie door tot op het niveau van (invoer)formulieren en beeldschermindelingen*
   De integratie van AO en IT wordt niet bewerkstelligd door alleen uit te gaan van een gemeenschappelijke basis. Bij de verdere inrichting van de AO en ontwikkeling van de IT-toepassing dient de integratie ook vormgegeven te worden. Oude invoerformulieren bij een nieuwe IT-toepassingen kunnen tot overbodige frustraties bij de eindgebruikers leiden.

7. *Test AO en IT integraal: werkt het in de organisatie?*
   Een integrale (acceptatie)test van zowel de ontwikkelde IT-toepassing als de ontwikkelde AO is van doorslaggevende betekenis voor een succesvolle implementatie.

5.8   Conclusie

Bij IT-projecten blijkt administratieve organisatie (AO) vaak een onderbelicht aspect. Zeker van een goede afstemming *tijdens* de systeemontwikkeling is meestal geen sprake. Het gevolg is dat de AO niet aansluit op de ontwikkelde IT-toepassingen of dat de AO in en rond deze toepassingen van onvoldoende kwaliteit is. Verder is er vaak grote onduidelijkheid en onzekerheid over de toekomstige inrichting van de organisatie en de bijbehorende informatievoorziening. Als gevolg van dit alles loopt men grote risico's bij de invoering en het gebruik van de ontwikkelde IT-toepassingen. Daarnaast worden de voordelen die behaald kunnen worden door wèl aandacht te besteden aan de inrichting van de AO niet behaald. Het inrichten en beschrijven van de AO dient een geïntegreerd onderdeel te vormen van ieder IT-project. In dit hoofdstuk is aangegeven hoe *tijdens* een IT-project een optimale afstemming tussen de 'harde' IT en de AO kan worden bereikt. Aan de hand van een algemene fasering, zijn de op te leveren AO-producten in iedere fase van een IT-project besproken. Aandacht voor AO bij de ontwikkeling van (geautomatiseerde) informatiesystemen is een noodzakelijke voorwaarde om de kwaliteit van de informatie(voorziening) in een organisatie te (kunnen) waarborgen.

6 De kwaliteit van geïntegreerde IT-projecten

J.J.V.R. Wintraecken

6.1 Inleiding

In dit hoofdstuk staat de zorg voor de kwaliteit van geïntegreerde informatiseringsprojecten centraal. Het heeft een praktische inslag en is bedoeld als een eerste algemene leidraad voor wie met dit onderwerp in aanraking komt.

In paragraaf 6.2 wordt aangeven in welke onderdelen en aandachtsgebieden het begrip 'kwaliteit', toegepast op geïntegreerde informatisering, kan worden onderverdeeld en waarom de zorg voor deze kwaliteit belangrijk is. Vervolgens wordt in paragraaf 6.3 aangegeven welke de belangrijkste activiteiten zijn die in het kader van de kwaliteitszorg voor geïntegreerde informatiseringsprojecten worden uitgevoerd en tot welke producten deze activiteiten leiden. Paragraaf 6.4 gaat over de wijze waarop de kwaliteitszorg van geïntegreerde informatiseringsprojecten kan worden georganiseerd.

In paragraaf 6.5 worden enkele van de belangrijkste valkuilen behandeld die zich bij de kwaliteitszorg kunnen voordoen. Bij iedere valkuil worden mogelijke acties vermeld om de valkuil op tijd te vermijden. Iedere valkuil is voor de herkenbaarheid voorzien van een typerende naam.

Allereerst moet echter een aantal begrippen worden toegelicht. De lezer die reeds vertrouwd is met begrippen zoals 'geïntegreerde informatisering', 'kwaliteitszorg' en 'kwaliteitssysteem', kan de rest van deze inleiding overslaan of volstaan met het vluchtig doorlezen ervan.

6.1.1 Geïntegreerde informatisering

Geïntegreerde informatisering is het gelijktijdig en op samenhangende wijze ontwikkelen (dat wil zeggen: aanpassen of, in het meest extreme geval, volledig opnieuw ontwerpen) van:

- bedrijfsprocessen;

- de organisatorische inrichting ervan (inclusief de personele en veranderkundige aspecten);
- de geautomatiseerde informatiesystemen die de bedrijfsprocessen ondersteunen; en
- de technische infrastructuur (apparatuur en communicatievoorzieningen) die nodig is om deze systemen te realiseren. (Zie hoofdstuk 1 en [Wintraecken, 1993; 1994].)

Geïntegreerde informatisering is ontstaan vanuit het besef dat in de meeste organisaties de informatiesystemen in de loop van de tijd zozeer verstrengeld zijn geraakt met de bedrijfsprocessen, dat het niet meer mogelijk is de informatiesystemen te veranderen zonder de bedrijfsprocessen aan te passen en, omgekeerd, de bedrijfsprocessen te veranderen zonder de informatiesystemen aan te passen. Moderne trends zoals 'Business Process Redesign' en 'Work Flow Management' zijn uitingen van dit verschijnsel.

Geïntegreerde informatisering wordt zo goed als altijd in projectverband uitgevoerd. Dit artikel richt zich op de kwaliteitszorg binnen dit soort projecten. Er wordt niet ingegaan op de fase na beëindiging van een project.

Geïntegreerde informatisering leidt tot een aantal 'producten', zoals organisatiebeschrijvingen, procedurehandleidingen, specificaties van processen en systemen, programmatuur en apparatuurspecificaties. De kwaliteitszorg richt zich zowel op de *producten*, als op het *proces* van geïntegreerde informatisering.

In deze inleiding is het begrip 'kwaliteitszorg' reeds enkele malen gebruikt. Het is daarom tijd geworden om uit te leggen wat hieronder wordt verstaan.

6.1.2 Kwaliteitszorg

Kwaliteitszorg voor geïntegreerde informatiseringsprojecten is het aspect van de totale projectleidingsfunctie dat bepalend is voor het vaststellen en tot stand brengen van de gewenste kwaliteit van het informatiseringsproces en de producten die door dat proces worden opgeleverd.

Om een verdeling van taken te bereiken, wordt de coördinatie van de kwaliteitszorg bijna altijd door de projectleider gedelegeerd aan een *kwaliteitsmanager* voor het project. Deze is al dan niet samen met andere kwaliteitsmedewerkers belast met de aansturing van de *kwaliteitsbeheer-*

sing: de uitvoering van alle activiteiten en technieken die worden toegepast om te bewerkstelligen dat aan de kwaliteitseisen wordt voldaan. De kwaliteit van het project als zodanig blijft uiteraard de verantwoordelijkheid van de projectleider. (Zie [Europese Norm EN 29000, 1987].)

De kwaliteitsmedewerkers vormen samen het *kwaliteitsteam* van het project.

6.1.3 Kwaliteitssysteem

Als grondslag voor de kwaliteitszorg dient een *kwaliteitssysteem*: het geheel van alle voorgeschreven taakverdelingen, verantwoordelijkheden, procedures, activiteiten, methoden en technieken voor het uitvoeren van de kwaliteitszorg. Het kwaliteitssysteem wordt vastgesteld op grond van vooraf gedefinieerde doelstellingen voor de kwaliteit van het betreffende informatiseringsproject en wordt in de vorm van standaarden en normen beschreven in een *kwaliteitshandboek*.

De *standaarden* schrijven voor welke activiteiten en procedures op welke wijze moeten worden uitgevoerd (de 'processtandaarden') en aan welke eisen de verschillende producten moeten voldoen (de 'productstandaarden'). Omdat veel informatiseringsproducten papieren of elektronische documenten zijn, bevat het kwaliteitshandboek veel vastleggingsstandaarden. De standaarden worden altijd zo geformuleerd, dat de producten en activiteiten op een zo eenduidig mogelijke wijze ten opzichte van die standaarden te toetsen zijn.

De *normen* bestaan uit kwantitatieve indicaties waaraan de activiteiten en de producten van het informatiseringsproces dienen te voldoen. Bijvoorbeeld:

- het aantal 'lichte' problemen dat na afsluiting van de tests van de geautomatiseerde systemen nog mag openstaan;
- de vereiste actualiteit van bepaalde gegevens bij hun opvraging, uitgedrukt in het aantal dagen sinds de aanmaak van deze gegevens.

De normen worden altijd zo gedefinieerd dat zij op basis van metingen kunnen worden geverifieerd.

Tot de taken van het kwaliteitsteam van het project behoren het toetsen van het informatiseringsproces en de informatiseringsproducten aan de standaarden en het verifiëren ervan ten opzichte van de normen.

In deze inleiding is het begrip 'kwaliteit' gehanteerd als een volstrekt helder begrip, dat geen verdere toelichting behoeft. In de volgende paragraaf wordt dit begrip verder uitgewerkt.

6.2 De kwaliteit van geïntegreerde informatisering

6.2.1 Wat is 'kwaliteit'?

Wie erover leest en erover nadenkt, komt snel tot de (overigens terechte) conclusie dat 'kwaliteit' in wezen een non-begrip is.
Een van de meest gangbare definities van kwaliteit is de volgende: ([Van Bruggen, 1991])

'Kwaliteit is de mate waarin een product of dienst voldoet aan de eisen die de gebruikers eraan stellen en aan de verwachtingen die zij ervan hebben.'

De *eisen* worden meestal op papier gezet voordat het product of de dienst geleverd wordt zodat ze min of meer gemakkelijk geverifieerd kunnen worden. De *'verwachtingen'* zijn echter veel diffuser. Meestal leven de verwachtingen ergens 'tussen de oren' van de gebruikers en opdrachtgevers en ze worden bijna nooit op papier gezet. Dit is dan meteen het hele probleem van deze definitie: kwaliteitszorg is pas dan echt mogelijk als het begrip 'kwaliteit' concreet wordt gemaakt. Dit 'concreet maken' kan echter slechts binnen de kaders van het specifieke product of de specifieke dienst waarop de kwaliteitszorg betrekking heeft:
De 'kwaliteit' van een personal computer is bijvoorbeeld iets heel anders dan de 'kwaliteit' van de door peuterspeelzalen geleverde diensten.[1] En deze is weer iets heel anders dan de kwaliteit van de door een geïntegreerd informatiseringsproject geleverde producten.

In de volgende subparagraaf wordt het kwaliteitsbegrip specifiek voor geïntegreerde informatiseringsprojecten uitgewerkt en concreter gemaakt.

---

[1]   In 1993 is door het toenmalig ministerie van CRM een serieus bedoeld voorstel gedaan om de Nederlandse peuterspeelzalen en kinderdagverblijven te laten certificeren voor de ISO 9000 kwaliteitsnorm.

6.2.2 Wat is 'kwaliteit van geïntegreerde informatisering'?

Om iets meer greep te krijgen op de 'kwaliteit van een geïntegreerd informatiseringsproject', splitsen we dit begrip in de volgende drie dimensies:

- de *productkwaliteit*: de kwaliteit van de door het project opgeleverde producten;
- de *proceskwaliteit*: de kwaliteit van het proces (de activiteiten) waardoor die producten worden opgeleverd;
- de *besturingskwaliteit*: de kwaliteit van de besturing en het beheer van het informatiseringsproces.

Elk van deze drie dimensies wordt nu toegelicht.

De product-
kwaliteit

Onder de kwaliteit van de producten van een geïntegreerd informatiseringsproject wordt de mate verstaan waarin deze producten:

- voldoen aan (conform zijn met) de voor dat project vastgestelde standaarden en normen;
- inhoudelijk consistent zijn;
- realiseerbaar zijn.

Deze drie criteria voor de kwaliteit van de producten van geïntegreerde informatisering behoeven nadere uitleg.

Conformering aan standaarden en normen
Het verifiëren of de producten aan de standaarden en de normen voldoen, is over het algemeen een betrekkelijk eenvoudige en rechtlijnig door te voeren taak, mits de standaarden en normen duidelijk beschreven zijn.
De verificatie of de producten aan het tweede criterium (inhoudelijke consistentie) en aan het derde criterium (realiseerbaarheid) voldoen is heel wat minder rechtlijnig.

Inhoudelijke consistentie
Een product is 'inhoudelijk consistent', wanneer:

- het product intern (op zichzelf beschouwd) consistent is, dit wil zeggen: geen tegenspraken bevat;
- het product extern (in relatie met andere producten) consistent is, dit wil zeggen: geen tegenspraken bevat met de andere producten;
- het product consistent is (overeenstemt) met alle expliciete en impliciete eisen, wensen en verwachtingen binnen de organisatie met betrekking tot de te realiseren informatievoorziening;
- het product consistent is (overeenstemt) met de strategieën, het be-

leid, de doelstellingen, enzovoort (al dan niet expliciet ergens opgeschreven) van de betreffende organisatie;
- de in het product gekozen oplossingen overeenkomen met de algemene oplossingswijzen die ook in andere producten gekozen zijn.

De toetsing van opgeleverde producten aan dit tweede kwaliteitscriterium (inhoudelijke consistentie) kan enkel gedaan worden door mensen die inhoudelijk op de hoogte zijn van het toepassingsgebied van het project. Meestal, en uiteraard bij voorkeur, zijn deze mensen uit de opdrachtgevende organisatie zelf afkomstig.

Realiseerbaarheid
Een product is realiseerbaar, als:
- de bedrijfsprocessen en de organisatorische inrichting ervan, die door het product worden voorgesteld, en de organisatieverandering die hieruit voortvloeit, in organisatorische zin realistisch en haalbaar zijn;
- de geautomatiseerde informatiesystemen die door de producten worden voorgesteld, in technische zin haalbaar en realiseerbaar zijn op de voorgestelde technische infrastructuur.

De toetsing van opgeleverde producten aan dit derde criterium (realiseerbaarheid) dient te worden gedaan door, enerzijds, mensen die thuis zijn in het gebied Personeel, Organisatie en Organisatieverandering en, anderzijds, door mensen die deskundig zijn op het gebied van informatietechnologie.

De proceskwaliteit   De standaarden en de normen hebben niet enkel betrekking op de producten, maar schrijven ook voor welke activiteiten dienen te worden uitgevoerd en aan welke prestatienormen die activiteiten dienen te voldoen.

De laatste tijd bestaat de tendens de producten en activiteiten zo te definiëren, dat elke activiteit precies één product oplevert. Men noemt dit ook wel de 'productgerichte benadering'. Hiermee wordt de verificatie van de proceskwaliteit sterk vereenvoudigd: wanneer een bepaald product wordt opgeleverd, betekent dit ook dat de betreffende activiteit is uitgevoerd en afgerond.

De besturingskwaliteit   Naast de producten en de activiteiten van een informatiseringsproject, heeft een deel van de standaarden en de normen betrekking op de besturing en het beheer van het project.

Hierbij moet worden gedacht aan standaarden en normen met betrekking tot:

- de bij de projectbesturing te gebruiken technieken (zoals plannings- en budgetteringstechnieken, technieken voor risico-analyse);
- de hiervoor aan te wenden hulpmiddelen;
- de binnen het project te volgen formele procedures (zoals procedures voor het aanmelden en verwerken van wijzigingen in de producten en van geconstateerde fouten en gebreken, procedures voor het beheer van de producten en het beheer van wijzigingen en versies).

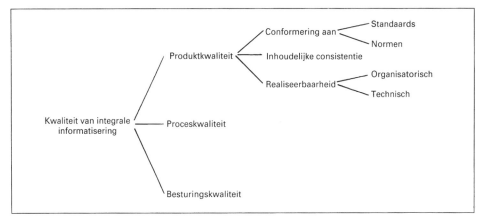

Figuur 6.1.   Kwaliteitsdimensies

6.2.3   Wat is het belang van kwaliteitszorg bij geïntegreerde informatisering?

Als tijdens het project onvoldoende kwaliteit wordt geleverd, bestaat er een reëel risico dat, nadat de producten eenmaal zijn opgeleverd, onder andere blijkt dat:

- de ontwikkelde processen en informatiesystemen niet beantwoorden aan de wensen en eisen die het bedrijf eraan stelt;
- de verschillende producten intern en in relatie tot elkaar inconsistenties bevatten;
- niet-uniforme oplossingen in de producten zijn verwerkt;
- de processen, procedures en systemen in organisatorisch en technisch opzicht niet goed te realiseren zijn;
- er fouten zijn ontstaan doordat verschillende projectmedewerkers de documentatie verschillend hebben geïnterpreteerd;
- het onderhoud aan de processen en de systemen duur uitvalt en riskant is omdat het moeilijk is de documentatie foutloos aan te passen.

Verder bestaat er het risico dat planningen en budgetten niet worden gehaald, dat wijzigingen niet goed worden doorgevoerd, dat problemen niet adequaat worden opgelost, dat verkeerde versies van producten worden uitgeleverd, enzovoort.

Investering in kwaliteitszorg tijdens het project leidt tot verkleining van risico's en kansen op fouten; en daarmee tot besparing van kosten tijdens de eindfase van het project en erna.

6.2.4 Het verband tussen kwaliteitszorg en risico-analyse

De kwaliteitszorg bestrijkt een groot spectrum (van producten, via proces naar besturing en beheer). Meestal ontbreekt het geld om aan alle aspecten van dit spectrum evenveel aandacht te schenken. Meestal is dit ook niet nodig, omdat, afhankelijk van de eigenschappen van het project en de omgeving, de risico's op mislukkingen bij bepaalde aspecten nu eenmaal groter zijn dan bij andere aspecten.

Daarom wordt er tegenwoordig steeds meer toe overgegaan de kwaliteitszorg te koppelen aan risico-analyses van het project, waarbij de kwaliteitszorg overwegend gericht wordt op die gebieden die een beduidend hoog risico scoren. (Zie ook hoofdstuk 7.)

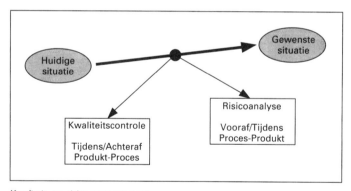

Figuur 6.2.   Kwaliteit- en risico-management

6.3   Kwaliteitszorg van geïntegreerde informatisering

Nu het begrip 'kwaliteit van geïntegreerde informatiseringsprojecten' is geconcretiseerd, wordt in deze paragraaf een overzicht gegeven van de belangrijkste activiteiten op dit gebied en van de documenten (de 'producten') die hierbij worden opgeleverd en beheerd.

6.3.1 De activiteiten van kwaliteitszorg

Teamreviews Telkens wanneer een product bijna is afgerond, vindt er een beoordeling van dit product plaats binnen het team of de projectgroep waarbinnen het product ontwikkeld is. De samenstellers van het product laten het door hun teamgenoten beoordelen. **Belangrijk** hierbij is dat deze beoordeling (of review) plaatsvindt **op een constructieve wijze en op basis van collegialiteit**. Juist om deze collegialiteit te benadrukken noemt men deze vorm van reviews ook wel 'peer to peer reviews'.

Er zijn verschillende werkvormen mogelijk, bijvoorbeeld:

- een workshop-achtige vorm, waarbij de auteurs het product presenteren, hun teamgenoten hierop reageren en een of twee van de teamgenoten belast zijn met de leiding van de sessie en het noteren van de overeengekomen actiepunten;
- een meer open vorm, waarin de teamgenoten het product ieder voor zich bestuderen en hun reacties bij de auteurs deponeren, al dan niet gevolgd door een bijeenkomst waarin de opmerkingen worden besproken en waarbij de actiepunten gezamenlijk worden overeengekomen.

Het is van belang dat van iedere review een duidelijk verslag wordt gemaakt, waarin de conclusies en de actiepunten zijn opgenomen. Dit verslag dient bij de overige documentatie van het project te worden gevoegd.

De uitvoering van de teamreviews berust bij de projectmedewerkers zelf. De inzet van de kwaliteitsmedewerkers blijft beperkt. Zij moeten ervoor zorgen dat de teamreviews plaatsvinden en zich ervan vergewissen dat de reviews correct zijn uitgevoerd door de verslagen ervan te bekijken en goed te keuren. In incidentele gevallen kunnen de kwaliteitsmedewerkers de teamreviews bijwonen.

Gebruikers-reviews Dit zijn reviews waarbij een projectteam een product door een aantal toekomstige gebruikers van de beoogde bedrijfsprocessen en informatiesystemen laat beoordelen. Deze vinden telkens na afronding van een product plaats; meestal na de verwerking van de resultaten van een eerder uitgevoerd teamreview. Voor deze reviews gelden dezelfde regels en afspraken als voor de teamreviews.

Interne kwaliteits-inspecties Wanneer de opgeleverde producten (na de team- en gebruikersreviews) door de kwaliteitsmedewerkers van het project worden beoordeeld, wordt gesproken van interne kwaliteitsinspecties. 'Intern' omdat de kwaliteitsmedewerkers aan het project zijn verbonden en dus voor het project 'interne' medewerkers zijn.

Bij de interne kwaliteitsinspecties worden de producten beoordeeld aan de hand van de eerder genoemde criteria voor de productkwaliteit: conformering aan standaarden en normen, inhoudelijke consistentie en realiseerbaarheid.

Alle opmerkingen van de kwaliteitsmedewerkers ten aanzien van deze criteria worden gebundeld in een inspectierapport. Dit rapport wordt vervolgens besproken met het projectteam dat het betreffende product vervaardigd heeft. Hierbij wordt gezamenlijk vastgesteld welke van deze opmerkingen moeten leiden tot aanpassingen in het product.
Vervolgens wordt het product aangepast en vindt een tweede inspectie plaats, waarbij wordt geverifieerd of alle overeengekomen aanpassingen correct zijn uitgevoerd.

Externe kwaliteitsaudits
Soms wordt een externe partij buiten het project (een adviesbureau of een kwaliteitsafdeling binnen de opdrachtgevende organisatie) gevraagd een oordeel te geven over de kwaliteit van het project. Wij spreken dan van externe kwaliteitsaudits.
Het gehele project, dus ook het kwaliteitssysteem en de kwaliteitsmedewerkers zelf, is het object van externe kwaliteitsaudits.

De resultaten van externe kwaliteitsaudits worden samengevat in een auditrapport, waarin onder andere aanbevelingen en te nemen acties zijn beschreven. Vaak worden externe kwaliteitsaudits op bepaalde momenten tijdens het project herhaald, waarbij onder andere wordt nagegaan of de bij eerdere audits afgesproken actiepunten correct zijn uitgevoerd.

Testen
Gerealiseerde producten (dit zijn procedurehandleidingen en programmatuur) dienen altijd te worden getest. Hierbij worden de procedurehandleidingen en de programmatuur voor een groot aantal situaties uitgevoerd en wordt geverifieerd of deze voldoen aan de eerder beschreven, en 'ge-reviewde', specificaties. Tevens worden metingen verricht om na te gaan of de gerealiseerde producten voldoen aan hiervoor gestelde kwaliteitsnormen.

De tests worden meestal uitgevoerd door specifiek hiervoor ingerichte, en enigszins onafhankelijke, testteams. De kwaliteitsmedewerkers dienen zich ervan te vergewissen dat de tests correct worden uitgevoerd door testplannen en testrapporten te beoordelen en af en toe bij het eigenlijke testen te gaan kijken.

Goedkeuring en acceptatie De opgeleverde producten dienen te worden goedgekeurd door de kwaliteitsmedewerkers. De uiteindelijk gerealiseerde producten (procedurehandleidingen en programmatuur) dienen te worden geaccepteerd door de opdrachtgevende organisatie. In al deze gevallen dient de goedkeuring en de acceptatie van ieder product, of groep van producten, formeel te worden vastgelegd door middel van een acceptatiememo.

6.3.2 De producten van kwaliteitszorg

De uitvoering van de kwaliteitszorg resulteert in een aantal producten van de kwaliteitszorg zelf. De belangrijkste hiervan zijn:
- het eerder genoemde kwaliteitshandboek;
- de resultaten van de zojuist beschreven activiteiten van kwaliteitszorg:
  - rapporten van team- en gebruikersreviews;
  - rapporten van interne kwaliteitsinspecties;
  - rapporten van externe kwaliteitsaudits;
  - testrapporten;
  - acceptatiememo's;
- een *kwaliteitslogboek*, waarin alle belangrijke gebeurtenissen (zoals ontvangst van een product, afgifte van een inspectierapport, acceptatie van een product) en alle belangrijke beslissingen zijn beschreven;
- een *kwaliteitsdossier*: hierin worden alle bovengenoemde producten van de kwaliteitszorg opgeslagen.

Het kwaliteitshandboek is een vastlegging van het gehanteerde kwaliteitssysteem. De overige producten zijn vastleggingen van de uitvoering van dit kwaliteitssysteem.

6.4 De organisatie van de kwaliteitszorg

In deze paragraaf wordt ingegaan op de vraag op welke wijze de kwaliteitszorg binnen een project kan worden ingericht.

6.4.1 Het kwaliteitsteam

In de meeste geïntegreerde informatiseringsprojecten is de coördinatie van de kwaliteitszorg een te omvangrijke en complexe taak om hier één enkele medewerker mee te belasten. Daarom wordt er meestal een team ingericht, dat hier als geheel verantwoordelijk voor is.

De belangrijkste taken van het kwaliteitsteam zijn:
- het inrichten van de kwaliteitszorg;
- het opstellen van het kwaliteitshandboek;
- het evalueren en zo nodig bijstellen van het kwaliteitshandboek;
- het adviseren van alle projectmedewerkers op het gebied van kwaliteit en de toepassing van standaarden en normen;
- het uitvoeren van kwaliteitsinspecties;
- het overdragen van de kwaliteitszorg aan de staande organisatie (bij beëindiging van het project).

6.4.2 De samenstelling van een kwaliteitsteam

Gezien de complexiteit en de diversiteit van de taak, dient het kwaliteitsteam een multidisciplinair team te zijn. Het kan als volgt worden samengesteld:
- een kwaliteitsmanager, deskundig op het gebied van kwaliteitszorg van geïntegreerde informatiseringsprocessen;
- een kwaliteitsmedewerker, met dezelfde deskundigheden als de kwaliteitsmanager (liefst afkomstig van de gebruikersorganisatie);
- een deskundige op het gebied van methoden, technieken en hulpmiddelen voor geïntegreerde informatiseringsprocessen;
- een materiedeskundige in het toepassingsgebied van het project (liefst afkomstig van de opdrachtgevende organisatie);
- een deskundige op het gebied van Personeel en Organisatie en van het beheren van veranderingen in organisaties;
- een deskundige op het gebied van administratieve organisatie, interne controle en EDP auditing;
- een technisch deskundige op het gebied van de te gebruiken informatie-technische infrastructuur.

Sommige van deze functies kunnen worden gecombineerd. Zo komt het vaak voor dat de leiding van het kwaliteitsteam en de deskundigheid op het gebied van methoden, technieken en hulpmiddelen bij één persoon liggen.

Een kwaliteitsmedewerker wordt bij zeer grote projecten ingeschakeld, als de leiding over en de coördinatie van het kwaliteitsteam niet meer door één persoon kan worden gedaan.

De tijdsbesteding van de teamleden aan het project is meestal part-time, met een gemiddeld minimum van één dag per week. Vanwege hun adviserende rol zijn zij op vaste tijden aanwezig.

Er is geregeld overleg binnen het team en tussen de teamleiding en de projectleiding.

De inrichting en samenstelling van het kwaliteitsteam moet natuurlijk beantwoorden aan de vooraf vastgestelde doelstellingen voor de kwaliteitszorg. Deze doelstellingen kunnen onder andere worden bepaald op grond van een eerder uitgevoerde risicoanalyse (zie hoofdstuk 7) en op grond van het 'type' van het betreffende project (zie hoofdstuk 1). Bijvoorbeeld:

- Bij een beduidend hoge organisatorische complexiteit of bij het gebruik van IT als 'verbeterinstrument' of als 'strategisch wapen' (zie hoofdstuk 1) wordt relatief veel aandacht besteed aan de kwaliteit van de organisatie-inrichting en het veranderingsmanagement. De deskundigheid op deze gebieden zal dan naar verhouding zwaar vertegenwoordigd moeten zijn in het kwaliteitsteam.
- Een beduidend hoge functionele en/of technische complexiteit zal vaak leiden tot relatief veel aandacht voor methoden en technieken.

6.4.3 De taakverdeling binnen het kwaliteitsteam

De hierboven genoemde taken van het kwaliteitsteam kunnen als volgt tussen de leden van het team worden verdeeld:

- De kwaliteitsmanager en de kwaliteitsmedewerker zijn belast met:
  - het definiëren van de standaarden en de normen;
  - het toetsen van de producten en de uitvoering van de activiteiten aan de standaarden;
  - het bewaken van de interne en onderlinge consistentie van de producten;
  - het bewaken van de uniformiteit van de gekozen oplossingen.
- De materiedeskundige is belast met:
  - het toetsen van de producten aan de wensen en eisen van de gebruikers en van de opdrachtgevende organisatie;
  - het beoordelen van de realiseerbaarheid van de producten binnen de organisatie.
- De deskundige op het gebied van administratieve organisatie, interne controle en EDP auditing is belast met:
  - het opstellen en beoordelen van de standaarden en de normen met betrekking tot aspecten van interne controle;
  - het toetsen van alle producten aan vereisten op het gebied van interne controle.

- De technisch deskundige is belast met:
  - het definiëren van de technische standaarden en normen;
  - het toetsen van de producten op aspecten van informatie-technische infrastructuur;
  - het beoordelen van de technische haalbaarheid van de producten.
- De deskundige op het gebied van Personeel en Organisatie en van het beheren van veranderingen in organisaties is belast met:
  - het definiëren van standaarden met betrekking tot producten die verband houden met organisatie-inrichting en organisatie-ontwikkeling;
  - het toetsen van de producten aan dit deel van de standaarden;
  - het beoordelen van de organisatorische haalbaarheid van de producten.

6.4.4 De plaats van de kwaliteitszorg binnen de projectorganisatie

Er kan een conflict ontstaan tussen enerzijds het nastreven van kwaliteit en anderzijds de kosten en de doorlooptijd van een project. Verhoging van kwaliteit leidt in de eerste fasen van het project tot hogere kosten en meestal ook tot langere doorlooptijden. Verlaging van de kosten en bekorting van de doorlooptijd leidt in de regel tot verlaging van de kwaliteit.

De kwaliteitsmedewerkers zetten zich, samen met de overige projectmedewerkers, in voor een verhoging van de kwaliteit. De projectleider beoogt het budget en de planning in de hand te houden. Bij dreigende overschrijdingen van het budget en het plan zal de projectleider vaak een vermindering van de kwaliteitszorg overwegen. De kwaliteitsmedewerkers zullen zich uiteraard hiertegen verzetten.

De projectleiding dient in één hand te worden gehouden en kan daarom niet worden verdeeld over de projectleider en het kwaliteitsteam. Vanzelfsprekend dient de projectleider als enige de 'baas' te zijn van het project.

Het is daarom verstandig de projectorganisatie zo in te richten dat het kwaliteitsteam in de vorm van een adviserend orgaan aan de projectleiding rapporteert. Hierbij wordt de volgende werkwijze voorgesteld:

Het kwaliteitsteam adviseert de projectleiding (gevraagd en ongevraagd) over de kwaliteit van de producten die door het project worden opgeleverd en over de kwaliteit van de processen die binnen het project worden uitgevoerd. Het staat de projectleider vrij deze adviezen wel of niet op te volgen. De kwaliteitsmedewerkers wijzen de projectleider uiteraard wel op de risico's die het gevolg kunnen zijn van het niet opvolgen van een advies van het kwaliteitsteam.

Dit alles betekent dat het kwaliteitsteam team enkel een adviserende rol en geen direct sturende bevoegdheden in het project heeft.

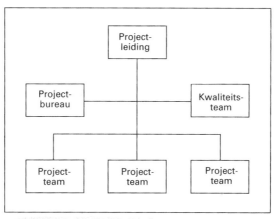

Figuur 6.3. **De positie van het kwaliteitsteam**

6.5 De valkuilen

De 'Ivoren Toren'
De kwaliteitsmedewerkers zijn onvoldoende bij het project betrokken; zij staan naast, of in het ergste geval boven het project. Hun werk komt meestal neer op het 'afstandelijk' controleren van de producten en het proces. Hun rol is enigszins te vergelijken met die van de externe accountant bij organisaties. De overige projectmedewerkers ervaren het kwaliteitsteam eerder als een te nemen hindernis op hun pad naar het doel, dan als een groep medewerkers die zich, net als zijzelf, op een nuttige wijze trachten in te zetten voor het bereiken van dit doel.

Deze valkuil kan op de volgende wijze worden vermeden:
- het kwaliteitsteam inrichten als een intern team binnen het project, dat net zoals de andere teams meewerkt aan het tot stand brengen van het projectresultaat;
- regelmatige aanwezigheid en zichtbaarheid van de kwaliteitsmedewerkers binnen het project;
- het kwaliteitsteam neerzetten als 'vraagbaak', waarbij de projectmedewerkers terecht kunnen voor vragen met betrekking tot de kwaliteit van hun werk en de toepassing van de voorgeschreven standaarden;
- het kwaliteitsteam dient als het ook maar even kan in een vroege fase van het project een 'wapenfeit' te stellen, door op een of andere manier een belangrijke bijdrage te leveren aan een beslissing in het

project of beslissend bij te dragen aan de totstandkoming van een van de producten van het project.

De 'Politie-agent' De kwaliteitsmedewerkers beperken zich tot het uitdelen van 'bekeuringen' voor dingen die niet goed zijn gedaan of voor fouten die zijn gemaakt. Ook in dit geval wordt het kwaliteitsteam als een noodzakelijk kwaad gezien, en niet als een van de teams die meewerken aan een goed projectresultaat. Het streven binnen het project bestaat eerder uit het voorkomen van bekeuringen, dan uit het leveren van goede kwaliteit.

Hoe deze valkuil te vermijden:
- een positieve instelling en opstelling bij de kwaliteitsmedewerkers: samen met alle andere projectmedewerkers energiek meewerken aan een (kwalitatief) zo goed mogelijk projectresultaat;
- een realistische instelling:
  - overal waar mensen werken worden fouten gemaakt (ook, en niet in de laatste plaats, binnen een kwaliteitsteam);
  - door het kwaliteitsteam begane vergissingen ruiterlijk en openlijk toegeven;
  - gemaakte fouten kunnen onderscheiden in ernstige en minder ernstige fouten (vaak is het niet zinvol om veel tijd, en dus geld, aan de correctie van de laatste categorie fouten te besteden);
  - zuiverheid in de leer, maar niet tegen elke prijs: enkel daar aandringen op het naleven van de standaarden, waar dat echt nodig is met het oog op een kwalitatief voldoende goed eindproduct;
- duidelijk maken (en deze houding ook uitstralen) dat het kwaliteitsteam in het belang van het project en de projectmedewerkers wil meewerken aan een optimaal projectresultaat.

De 'Kop van Jut' Zodra er in het project iets misgaat (en dat dit *ooit* zal gebeuren is aan het begin van het project met een aan zekerheid grenzende waarschijnlijkheid te zeggen) krijgt het kwaliteitsteam hier direct en onverwijld de schuld van:
'De planning is overschreden door toedoen van te uitvoerige, te ingewikkelde en te vaak gewijzigde standaarden.'
'Dat de documentatie niet voldoet of het systeem niet blijkt te werken, heeft aan de standaarden gelegen.'
Zodra een externe auditor iets op het spoor komt, worden de leden van het kwaliteitsteam als eersten aan pittige verhoren onderworpen.
En zo verder.

Een kwaliteitsteam bevindt zich bijna per definitie in een uiterst kwetsbare positie (de meest kwetsbare op die van de projectleider na). Op de volgende manier kan het kwaliteitsteam trachten te voorkomen dat het in deze valkuil wordt geduwd:

- nieuwe standaarden en voorgestelde wijzigingen op de standaarden vooraf bespreken met alle betrokken projectmedewerkers en uiteindelijk hun goedkeuring en commitment verkrijgen;
- de projectmedewerkers, als het aan de orde komt, aan dit commitment herinneren;
- voorgenomen wijzigingen in de standaarden vooraf plannen en alle betrokkenen zorgvuldig op de hoogte brengen van deze planningen;
- alle betrokkenen vooraf wijzen op de aard en op de mogelijke gevolgen van voorgenomen wijzigingen op de standaarden;
- de projectleiding assisteren bij een beslissing om op basis van kosten en baten voorgenomen wijzigingen op de standaarden wel of niet door te voeren;
- een nauwgezet kwaliteitslogboek bijhouden, zodat te allen tijde duidelijk kan worden gemaakt wanneer welke gebeurtenissen waarom hebben plaatsgevonden en wanneer welke besluiten zijn genomen;
- mocht er toch een 'vervolging' van het kwaliteitsteam in de lucht hangen, dan anticiperen op mogelijke kritiek.

De 'Mangel' De kwaliteitszorg staat continu op gespannen voet met de planning van een project: het gebruik van de standaarden is onderworpen aan een leercurve, en de kwaliteitsreviews en het verwerken van de uitkomsten ervan kosten menskracht.

Wanneer er serieuze problemen met de doorlooptijd van het project in de lucht hangen, dreigt vaak een 'censuur' van de kwaliteitszorg: de projectleider wil aan doorlooptijd winnen door delen van het kwaliteitssysteem niet meer toe te passen. (Er zijn zelfs voorbeelden bekend van projecten waarin om die redenen de gehele kwaliteitszorg werd afgeschaft.)
Hierdoor komen de kwaliteitsmedewerkers in de situatie dat zij gemangeld worden tussen de kwaliteit die zij willen nastreven en de tijdsdruk die door de projectleiding wordt opgelegd.

Deze valkuil kan worden vermeden door:
- vooraf een goede afbakening vast te stellen tussen de bevoegdheden van het kwaliteitsteam en die van de projectleiding:
  - het kwaliteitsteam heeft geen sturende bevoegdheden in het project, deze berusten uitsluitend bij projectleiding;

- het kwaliteitsteam adviseert de projectleiding gevraagd en ongevraagd over de kwaliteit van de producten en het proces van informatisering. Wanneer de projectleiding deze adviezen niet opvolgt is dat uitsluitend haar eigen verantwoordelijkheid, niet die van het kwaliteitsteam. Wel dient het kwaliteitsteam de projectleiding te wijzen op de risico's die verbonden kunnen zijn aan het niet opvolgen van de adviezen;

- vooraf vast te stellen welke mate van kwaliteitszorg haalbaar is binnen het gestelde budget, vast te stellen wat wenselijk is op basis van een eerder uitgevoerde risicoanalyse, en de planning en het kwaliteitssysteem (de standaarden en de normen) hierop af te stemmen.

De 'Roepende in de Woestijn'

Het kwaliteitssysteem dient afgestemd te zijn op de projectmedewerkers en op de opdrachtgevende organisatie. De standaarden en normen dienen te passen binnen de gebruikelijke werkwijze en de vaktechnische mogelijkheden van de projectmedewerkers en de organisatie. Iets populairder gezegd: 'de standaarden en normen mogen hun pet niet te ver te boven gaan'. Na een betrekkelijke korte periode van opleiding en inwerken moeten zij in staat zijn om de standaarden effectief in praktijk te brengen.

Is niet aan deze voorwaarde voldaan, dan zal het zeer moeilijk zijn om het kwaliteitssysteem over te brengen aan de projectmedewerkers en de organisatie en door hen geaccepteerd te krijgen. De kwaliteitsmedewerkers besteden dan naar verhouding te veel tijd aan het telkens maar weer 'brengen van de leer'. Zij worden op den duur 'roependen in de woestijn'.

Deze valkuil dient te worden vermeden door:

- de huidige werkwijze die de projectmedewerkers en de organisatie op het gebied van informatisering hanteren, te onderzoeken;

- een kwaliteitssysteem vast te stellen dat hier vakinhoudelijk niet te ver van verwijderd is.

De 'Vastgelopen Rem'

De kwaliteitszorg zit altijd dicht bij, en bij de minste vertraging direct op, het kritieke pad. Zodra er significante vertragingen optreden, kan het tempo van het kwaliteitsteam de doorlooptijd van het project gaan bepalen en, in het uiterste geval, zelfs niet meer in te halen planningsachterstanden veroorzaken. De kwaliteitszorg ontaardt dan in een 'vastgelopen rem' die de hele doorlooptijd van het project vertraagt.

Deze valkuil kan onder andere worden omzeild door:

- duidelijke afspraken te maken over de doorlooptijden van de kwaliteitsreviews;
- iedereen bij de planning rekening te laten houden met deze doorlooptijden;
- een maximale doorlooptijd voor de kwaliteitsreviews door het kwaliteitsteam te garanderen en alle kwaliteitsmedewerkers hieraan te houden.

De 'Overkiller' Sommige kwaliteitsmedewerkers streven naar een volledig kwaliteitssysteem, waarin aandacht wordt geschonken aan alle denkbare facetten en mogelijkheden. Dit leidt meestal tot **overmatige kwaliteitszorg, die zeer veel tijd kan vergen van alle projectmedewerkers** (inclusief de kwaliteitsmedewerkers).

Sommige kwaliteitsmedewerkers streven uiterste perfectie na bij de kwaliteitsreviews, verliezen hierdoor de doelstellingen van de reviews uit het oog en kunnen geen onderscheid meer maken tussen hoofd- en bijzaken.

Wegen om deze valkuil te vermijden zijn:

- op basis van situatie- en risico-analyses vaststellen hoeveel kwaliteitszorg gewenst is en waaraan bij de kwaliteitszorg aandacht moet worden besteed;
- duidelijke doelstellingen verbinden aan de kwaliteitszorg;
- een duidelijke tijdsbudgettering voor de kwaliteitsmedewerkers vaststellen.
  De kwaliteitsmedewerkers moeten binnen dit budget hun werk (inclusief de reviews) zo goed mogelijk doen. Overvolledigheid en perfectie is hierbij geen op zichzelf staand doel;
- altijd reëel blijven bij de inspecties en de doelstellingen voor ogen houden.

De 'Ja-Knikker' Daar waar de vooropgestelde doelstellingen van de kwaliteitszorg dit vereisen dient er bij de kwaliteitsreviews consequent en rechtvaardig tegenover iedereen en soms met enige strengheid te worden opgetreden. **Kwaliteitsmedewerkers die omwille van de gewenste goede verhoudingen met de andere medewerkers, conflicten liever uit de weg gaan, kunnen hier problemen mee krijgen.** Hun conflict-mijdend gedrag kan leiden tot te veel toegeeflijkheid. Wanneer deze houding gaat overwegen dreigt een ontwaarding van het kwaliteitssysteem.

De enige mogelijkheid niet in deze valkuil te trappen bestaat uit:

- het helder voor ogen houden van de doelstellingen van de kwaliteitszorg;
- binnen deze doelstellingen de standaarden, normen en afspraken consequent blijven toepassen en iedereen hieraan houden.

De 'Valse Start'

Wat maar al te vaak wordt vergeten is dat alle projectmedewerkers (ook de kwaliteitsmedewerkers) moeten wennen aan een nieuw ontworpen kwaliteitssysteem en dat zij ermee moeten leren werken. Ook aan een kwaliteitssysteem is een leercurve verbonden, die maakt dat de voortgang aan het begin van een project meestal trager verloopt dan wanneer het project al een eind op dreef is. Wordt hier bij de planning geen rekening mee gehouden, dan kan dit leiden tot een overhaaste start, die later een valse start blijkt te zijn geweest omdat de planning niet gehaald wordt.

Om deze valkuil te ontwijken dient men:

- aan het begin van het project de aan het kwaliteitssysteem verbonden leercurve zo goed mogelijk in te schatten (in de praktijk blijkt deze vaak om en nabij de drie maanden te bedragen);
- de planning voor het effect van deze leercurve te corrigeren;
- indien het ook maar enigszins mogelijk is: voorafgaand aan de eigenlijke ontwikkeling een pilot (of 'proef') uit te voeren, gevolgd door een evaluatie en, zo nodig, een bijstelling van de standaarden en de normen.

Als pilot kan een klein algemeen deelsysteem (bijvoorbeeld een 'autorisatiesysteem') of een deel hiervan worden gebruikt. Tijdens iedere projectfase dient een pilot voor de hierna volgende fase te worden uitgevoerd.

De 'Uitvinder van het Wiel'

De meeste organisaties waarbinnen informatiseringsprojecten plaatsvinden of die bij dit soort projecten betrokken zijn, beschikken reeds over een kwaliteitssysteem in enige vorm. Hier geen gebruik van maken bij het vaststellen van het kwaliteitssysteem van het project is niet enkel een verspilling van tijd en moeite, maar ook onverstandig. De projectmedewerkers, voor zover zij uit de organisatie afkomstig zijn, zijn reeds vertrouwd met deze standaarden en normen en hebben deze in het verleden al geaccepteerd. Ook de organisatie als geheel heeft zich eraan verbonden.

In plaats van het wiel geheel opnieuw uit te vinden dient men voor het project zoveel mogelijk gebruik te maken van een bestaand kwaliteitssysteem. Waar het op aan komt is niet een kwaliteitssysteem van de grond af aan geheel nieuw op te zetten, maar het bestaande kwaliteitssysteem 'op maat te maken' voor het project. Dit wil zeggen:

- zoveel mogelijk delen ervan te gebruiken en, waar nodig, aan te passen aan de specifieke behoeften en omstandigheden van het project;
- eventuele witte plekken op te vullen met specifiek voor het project te ontwikkelen delen.

'Mijn naam is Haas' Vaak is er bij de projectmedewerkers een te geringe acceptatie van en committment aan het kwaliteitssysteem. Dit kan gemakkelijk leiden tot situaties waarin de projectmedewerkers zich zoveel mogelijk willen onttrekken aan de standaarden en dit 'zich onttrekken aan' rechtvaardigen uit het ontbreken van de noodzaak tot commitment.

Er is maar één weg om deze valkuil te ontwijken: het kwaliteitssysteem en elke nieuwe versie ervan grondig doorspreken met de teamleiders, hun goedkeuring verkrijgen en hieraan op duidelijke wijze hun commitment verbinden. Dit impliceert wel dat aan de teamleiders de mogelijkheid tot inspraak moet worden geboden en dat de kwaliteitsmedewerkers bereid moeten zijn het kwaliteitssysteem aan te passen op punten die de teamleiders noodzakelijk vinden. Er dient een open discussie over de inhoud van het kwaliteitssysteem tussen de teamleiders en het kwaliteitsteam mogelijk te zijn.

6.6 Conclusie

Het doel van dit hoofdstuk over de kwaliteitszorg van geïntegreerde IT-projecten bestond uit het meer tastbaar maken van het vaak te veel in het vage blijvende begrip 'kwaliteitszorg' en het aanreiken van enkele praktische handvatten voor de opzet ervan.

Hiertoe is het kwaliteitsbegrip ingedeeld in een aantal aspecten en is ingegaan op de activiteiten, de inrichting en de organisatie van de kwaliteitszorg. Tevens zijn de belangrijkste valkuilen behandeld.

Er horen twee basisboodschappen bij dit hoofdstuk:

- Kwaliteitszorg is mede gericht op het verkleinen van risico's en kansen op fouten. Investering in kwaliteitszorg tijdens het project leidt daarom tot besparing van kosten tijdens de eindfase van het project en erna.

- Kwaliteitszorg is een kwestie van een op kwaliteit gerichte mentaliteit bij de projectmedewerkers. De voornaamste opdracht van de kwaliteitsmedewerkers bestaat uit het op een actieve en positieve manier kweken van deze mentaliteit bij iedereen die aan het project verbonden is.

7 Risicomanagement in omvangrijke IT-veranderingsprojecten[1]

Drs. G.B. Kleyn, drs. ing. B.M. van Strijen

7.1 Inleiding

7.1.1 Impact van IT

Automatisering heeft een grotere impact op organisaties dan voorheen. Technologische ontwikkelingen als expertsystemen, database managementsystemen, gedistribueerde systemen, datacommunicatie, multimedia toepassingen en elektronisch berichtenverkeer (EDI en electronic mail) zijn meer en meer gemeengoed geworden. Daarbij is de aard en toepassing (doelstelling) van geautomatiseerde systemen aan het veranderen. Tot voor enkele jaren geleden was de toepassing van geautomatiseerde systemen in veel organisaties gericht op de verbetering (optimalisatie) van de doelmatigheid en doeltreffendheid van interne processen. Grote hoeveelheden gegevens konden door de computer snel worden verwerkt. Primair doel hierbij was kostenverlaging en productiviteitsverhoging van routinematige werkzaamheden in administratieve processen als salarisadministratie, personeelsbeheer, orderregistratie, etcetera. De laatste jaren echter is als gevolg van de enorme technologische vooruitgang de toepassing van IT niet alleen gericht op de verbetering van interne efficiency en productiviteit van operationele processen maar heeft het in toenemende mate invloed op het gehele bedrijfsproces. Op de productie, maar ook op het product zelf, op de marketing en distributie, op de toegankelijkheid van markten, op de relatie tussen leveranciers en cliënten, op het dienstenpakket, enzovoort ([Schotgerrits, 1987]). Daarbij zijn geautomatiseerde informatiesystemen zozeer verweven met de bedrijfsprocessen dat zij hier niet meer los van kunnen worden gezien. Vaak is het niet meer mogelijk een geautomatiseerd informatiesysteem te ontwikkelen zonder de bedrijfsprocessen aan te passen. Maar ook het omgekeerde komt voor, dat de bedrijfsprocessen

---

1 De inhoud van dit hoofdstuk is gebaseerd op delen van het boek *Risicomanagement in IT-projecten*, Deventer 1994.

niet te veranderen zijn, zonder dat de informatiesystemen eromheen ook moeten worden aangepast.

7.1.2 Beheersbaarheid van veranderingstrajecten

Door de verandering in toepassing van informatietechnologie als hulp-middel op operationeel bedrijfsniveau naar een concurrentiewapen op strategisch bedrijfsniveau zijn ook de bijbehorende IT-projecten in com-plexiteit en omvang toegenomen (zie figuur 7.1).

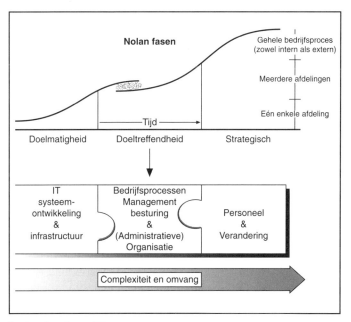

Figuur 7.1.   Aard en bereik van IT-projecten.

Enerzijds verschuift de doelstelling van IT-projecten van het vergroten van de doelmatigheid van enkele bedrijfsprocessen binnen een organi-satie naar het vergroten van de effectiviteit van alle bedrijfsprocessen van een organisatie. Als direct gevolg hiervan raken de projecten niet meer een enkele afdeling, maar meerdere afdelingen binnen de organisatie en vaak zelfs de relaties in de omgeving van de organisatie. De traditionele automatiseringstrajecten zijn hiermee uitgegroeid tot complexe veran-deringstrajecten, waarbij naast IT ook personele, organisatorische en veranderingsaspecten een belangrijke rol spelen.

Tegen de achtergrond van deze ontwikkeling is het logisch dat de be-heersbaarheid van IT-projecten in termen van geld, doorlooptijd en kwaliteit van het opgeleverde eindresultaat steeds moeilijker wordt en steeds meer risico's kent. Aan de andere kant leidt het niet opstarten van dit soort projecten in veel gevallen direct/indirect tot verlies van concurrentiepositie hetgeen een veel groter risico voor de bedrijfsvoering inhoudt.

7.1.3 Risicomanagement als beheersmiddel

Geplaagd door de paradoxale situatie dat het opstarten van complexe veranderingsprojecten steeds meer risico's kent terwijl het niet opstarten nog veel risicovoller is, is het logisch dat bij omvangrijke veranderingstrajecten met een grote impact op de organisatie de opdrachtgever en projectleiders steeds vaker de vinger aan de pols willen houden. Ze willen zo vroeg mogelijk de risico's identificeren om vervolgens dusdanige maatregelen te treffen dat de doelstellingen van het veranderingstraject niet in gevaar komen. Dit streven komt daarbij tot uiting onder de noemer risicobeheersing of risicomanagement. Door het uitvoeren van risicomanagement wordt getracht niet alleen de automatiseringstechnische risico's te beheersen, maar ook de personele risico's en de risico's op organisatorisch en veranderingsgebied zo veel mogelijk te beperken. Daarnaast kan door het uitvoeren van risicomanagement meer zekerheid worden verkregen dat een veranderingstraject op tijd en binnen begroting tot het gewenste resultaat leidt. (Zie ook hoofdstuk 8.)

In dit hoofdstuk wordt ingegaan op risicomanagement bij omvangrijke IT-veranderingstrajecten met een grote impact op de organisatie. Na een korte omschrijving van het begrip risicomanagement wordt aangegeven in welke situaties risicomanagement van toepassing is. Het hoofdstuk wordt afgesloten met een tweetal praktijkvoorbeelden.

7.2 Wat is risicomanagement?

7.2.1 Inleiding

Risicomanagement is een modieus begrip dat te pas en te onpas wordt gebruikt. Echter zoals wel vaker het geval is met dergelijke begrippen is de frequentie waarmee de term wordt gebruikt vaak tegengesteld aan de duidelijkheid ervan. Vraag tien willekeurige mensen binnen de IT-branche wat zij onder het begrip verstaan en je hebt al snel een boeiende verzameling zeer uiteenlopende omschrijvingen. Daarbij is het opvallend dat ondanks het feit dat iedereen het begrip gebruikt er kennelijk geen sprake is van een duidelijke afbakening van de inhoud en betekenis van het begrip. Voor de één staat het begrip risicomanagement hoofdzakelijk synoniem voor risicoanalyse, voor de ander gaat de invulling van het begrip veel verder en worden naast het inschatten van risico's ook aspecten van kwaliteitsmanagement onder dit begrip gevat. Risico-management is dus eigenlijk een 'container'-begrip dat hoofdzakelijk inhoud krijgt op basis van de vertaling die men in de praktijk hieraan geeft. Alvorens daarom verder te gaan met de inhoudelijke behandeling van dit onderwerp lijkt het goed om in deze paragraaf eerst kort stil te staan bij de inhoud en betekenis van risicomanagement. Het is daarbij niet de bedoeling om een diepgaande theoretische beschouwing te geven. We definiëren slechts een aantal 'meer praktische' uitgangspunten van waaruit in dit hoofdstuk tegen de invulling van risicomanagement wordt aangekeken.

7.2.2 Begripsvorming risico en risicomanagement

Zoals blijkt uit het woord risicomanagement richt men zich bij deze activiteit op het beheersen (managen) van risico's. Daarbij kan het begrip *risico* het meest eenvoudig worden vertaald als een kans dat er iets fout kan gaan waardoor een ongewenste situatie optreedt waarin schade kan ontstaan. Deze schade kan direct betrekking hebben op de kwaliteit van het (eind)resultaat maar ook indirect via het proces dat het (eind)resultaat voortbrengt. Een risico is dus een soort gevaar (of beter gezegd: *bedreiging*) dat onder bepaalde omstandigheden kan leiden tot aantasting van het beoogde eindresultaat. De kans dat deze bedreiging manifest wordt, bepaalt daarbij de mate van het risico.

Met de tweedeling 'risico en bedreiging' zijn we er nog niet. Het ontstaan van bedreigingen wordt weer veroorzaakt door de aanwezigheid van *knelpunten.* Knelpunten zijn probleemgebieden of ontwikkelingen van waaruit een verstorende invloed kan uitgaan. Deze verstorende werking komt tot uiting in de vorm van bedreigingen. Indien we het onderscheid tussen bedreigingen en knelpunten niet zouden aanbrengen dan leidt het beheersen van risico tot symptoombestrijding waarbij alleen gestuurd wordt op de aanwezigheid van individuele bedreigingen. De oorzaak achter deze bedreigingen wordt bij een dergelijke aanpak niet in de beschouwing betrokken (en dus ook niet weggenomen). Met name in gevallen waarbij meer bedreigingen voortvloeien uit één knelpunt leidt dit tot een ineffectieve aanpak. Waarom meerdere malen sturen op bedreigingen als door het wegnemen van de oorzaak de bedreigingen in één keer kunnen worden opgelost? In figuur 7.2 is de relatie tussen knelpunt, bedreiging en risico schematisch weergegeven.

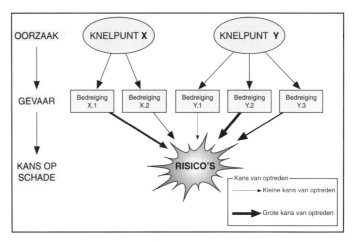

Figuur 7.2.   **Relatie knelpunt, bedreiging en risico.**

Samenvattend wordt het begrip risico in dit hoofdstuk omschreven als: de kans op het optreden van een ongewenste situatie als gevolg van het zich manifesteren van een bedreiging veroorzaakt door de aanwezigheid van een of meer knelpunten.

Met betrekking tot het managen van risico's kunnen in de praktijk een drietal componenten worden onderscheiden die in elkaars verlengde liggen en die elkaar in doelstelling aanvullen. Iedere component vormt daarbij een aparte fase. Alle drie de fasen te zamen vormen het totale proces van risicomanagement (zie figuur 7.3).

1. *De analysecomponent.* Het in een vroegtijdig stadium lokaliseren en analyseren van risico's met betrekking tot het product en/of het proces.
2. *De ontwerpcomponent.* Het ontwerpen en selecteren van beheersingsmaatregelen gericht op het wegnemen of verkleinen van de geconstateerde risico's.
3. *De implementatiecomponent.* Het invoeren van de beheersingsmaatregelen in het project alsmede de bewaking hiervan gedurende de verdere projectgang.

Voegen we deze componenten samen dan leidt dit tot de volgende omschrijving van risicomanagement:

Risicomanagement is een combinatie van analyserende en sturende activiteiten met als doel om in een vroegtijdig stadium risico's te identificeren en vervolgens zodanige maatregelen te ontwerpen en in te voeren dat de risico's tot op een acceptabel niveau worden teruggebracht en de kans op succes zo veel mogelijk wordt gewaarborgd (mede geïnspireerd op [Gielen en Swinkels, 1992; De Jong, 1992]).

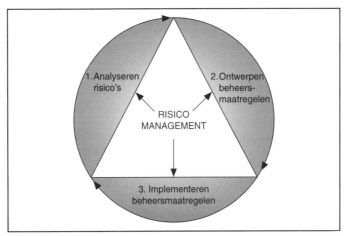

Figuur 7.3.   Componenten van risicomanagement.

Tegen de achtergrond van de bovenstaande definitie zal het duidelijk zijn dat risicomanagement een beheersingsproces is waarbij op basis van onderzoek gekomen wordt tot de beoordeling van een bepaalde situatie. Op basis van deze beoordeling wordt een ontwerp gemaakt voor maatregelen ter verbetering van de situatie. Deze maatregelen worden vervolgens omgezet in te nemen acties die worden uitgevoerd.

7.2.3   Componenten van risicomanagement
In de gegeven definitie van risicomanagement worden de centrale pijlers van het streven naar risicobeheersing gevormd door drie componenten te weten:
1. de analysecomponent;
2. de ontwerpcomponent;
3. de implementatiecomponent.

De drie componenten vormen samen het totale proces van risicomanagement. In deze subparagraaf wordt op de componenten nader ingegaan.

De analysefase   De analysefase van risicomanagement bestaat uit het geheel aan activiteiten gericht op het systematisch in kaart brengen van de actuele situatie binnen een project, dit met als doel om inzicht te krijgen in de sterke en zwakke kanten van het project en zodoende de risico's met betrekking

127

tot de toekomst weg te nemen. Deze fase van het risicomanagementproces wordt ook wel aangeduid met 'projectdiagnosefase' (zie bijvoorbeeld [Rijsenbrij en Bauer, 1989]).

Tijdens de analysefase wordt een zogenaamd risicoprofiel opgesteld. Op basis van dit profiel kan inzicht worden verkregen in de maatregelen die moeten worden genomen om de aangetroffen risico's te verkleinen/beheersen of de kansen zoveel mogelijk te benutten (zie figuur 7.4). Een en ander met als doel een zo goed mogelijk projectverloop te kunnen garanderen.

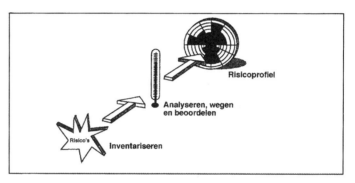

Figuur 7.4.   *Vertaling van risico's in een risicoprofiel.*

De ontwerp-   De tweede fase van risicomanagement wordt vorm gegeven door de
fase   ontwerpcomponent. Deze fase bestaat uit het afwegen van de mate van aanvaardbaarheid van de bij de risico-analyse geconstateerde bedreigingen (risico's) om op grond daarvan te komen tot een goed ontwerp van effectieve maatregelen ter beheersing/eliminatie van de risico's die het etiket niet aanvaardbaar hebben meegekregen (zie o.a. [Gielen, 1992; De Jong, 1992]). Het resultaat van de ontwerpfase is een lijst van te nemen maatregelen met daarbij een indicatie welke maatregelen direct moeten of kunnen worden uitgevoerd (Quick Strikes) om tot een goed eindresultaat te komen en welke maatregelen een meer fundamenteel karakter hebben en voor uitvoering op een later tijdstip in aanmerking komen (zie figuur 7.5). Daarnaast wordt een schatting gegeven van de benodigde tijd en geld die nodig is om te komen tot een succesvolle afronding van het project.

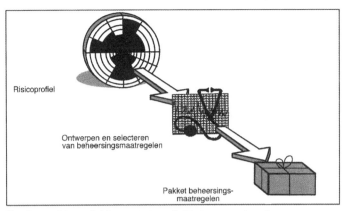

Figuur 7.5.   *Vanuit een risicoprofiel komen tot een pakket van maatregelen.*

De implemen-
tatiefase

De derde fase van risicomanagement wordt gevormd door de implementatiecomponent. Tijdens deze fase worden de voorgestelde maatregelen omgezet in te nemen acties. Daarbij wordt aangegeven wie verantwoordelijk is voor de uitvoering van een bepaalde actie, wanneer de acties moeten worden uitgevoerd, wie erbij betrokken zullen zijn ....., etc. Doel van deze fase is om de geconstateerde risico's zoveel mogelijk (of zoveel als gewenst) weg te nemen of te beheersen c.q. af te dekken (zie figuur 7.6). Het uitvoeren van deze activiteit vindt veelal plaats onder verantwoordelijkheid van het projectmanagement waarbij de risicomanagementfunctionaris een meer ondersteunende rol op de achtergrond speelt.

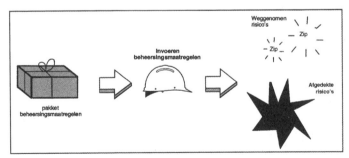

Figuur 7.6.   *Implementeren maatregelen ter beheersing/eliminatie van de geconstateerde risico's.*

Na het implementeren van de beheersingsmaatregelen is het noodzakelijk deze maatregelen continu te bewaken op hun effectiviteit. Daarbij vindt indien nodig tussentijds aanscherping plaats. Op deze manier voorkomt men dat bepaalde maatregelen na verloop van tijd in de vergetelheid raken en hun beheersende uitwerking op de risico's (bedreiging) verliezen. Naast het bijstellen van de getroffen maatregelen dient bovendien constant gekeken te worden naar nieuwe risico's als gevolg van gewijzigde omstandigheden. Misschien is het ontwerp van het systeem gedurende het verloop van het project door groeiende inzichten complexer geworden of is de omvang van de verandering groter dan men had verwacht. Ook is het mogelijk dat de gevolgen van bepaalde keuzen pas later in het project goed zichtbaar worden (bijvoorbeeld het technische migratiepad en/of de conversieaanpak). Om deze reden is het uitvoeren van risicomanagement dan ook geen eenmalige actie maar is periodieke herhaling van de boven beschreven cyclus een vereiste voor het beheerst bereiken van het gewenste eindresultaat (zie figuur 7.7).

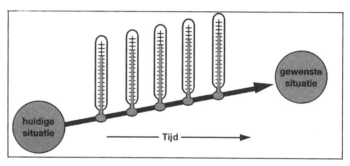

Figuur 7.7.   *Periodieke herhaling risicomanagement.*

Fasen ten opzichte van elkaar

Tijdens het doorlopen van de boven beschreven fasering van risicomanagement (zie figuur 7.8) neigt men er nogal eens toe om parallel aan het in kaart brengen van de risico's direct over te gaan tot het ontwerpen en implementeren van beheersingsmaatregelen.

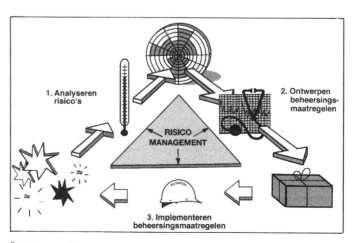

Figuur 7.8.   *Fasering van risicomanagement.*

130

Door echter in een te vroeg stadium te stoppen met het zoeken naar risico's en tussentijds alvast te beginnen met het ontwerpen en invoeren van maatregelen loopt men de kans dat de analysefase niet volledig wordt afgemaakt waardoor belangrijke risico's over het hoofd kunnen worden gezien en daardoor niet in de ontwerpfase worden meegenomen. Het verdient daarom aanbeveling om pas te beginnen met het ontwerpen en invoeren van de maatregelen op het moment dat er een volledig inzicht bestaat in alle risico's binnen het project. Dat betekent overigens niet dat tijdens de analysefase niet alvast mag worden nagedacht over te nemen maatregelen. Het volgtijdelijk uitvoeren van de analysefase, de ontwerpfase en de implementatiefase levert bovendien in veel gevallen een synergetisch voordeel op doordat een goed doordachte integrale maatregel achteraf veelal leidt tot een betere beheersing van het project dan een aantal losse maatregelen die tussentijds zijn genomen. Een en ander verhoogt de effectiviteit van de ingreep.

7.3   Invalshoeken van risicomanagement

Zoals is aangegeven zijn veranderingstrajecten uitgegroeid van kleinschalige, technische trajecten op operationeel niveau naar grootschalige, integrale veranderingstrajecten op strategisch niveau. Met deze ontwikkeling is ook het perspectief van waaruit risicomanagement kan worden bedreven door de jaren verder uitgegroeid. Met betrekking tot het uitvoeren van risicomanagement kunnen vandaag de dag een drietal invalshoeken worden onderscheiden die in elkaars verlengde liggen en die elkaar in doelstelling aanvullen. Deze invalshoeken zijn: risicomanagement vanuit strategisch perspectief; risicomanagement vanuit tactisch perspectief en risicomanagement vanuit operationeel perspectief. Iedere invalshoek vormt daarbij een nadere detaillering van het voorgaande. Alle invalshoeken te zamen leiden tot het volledig beheersen van het totale veranderingstraject (zie figuur 7.9).

In deze paragraaf zullen uitgaande van deze indeling de invalshoeken worden beschreven van waaruit risicomanagement in de praktijk kan worden toegepast en zullen de belangrijkste kenmerken van de invalshoeken de revue passeren. Daarbij is bij het vormen van de ideeën uitgegaan van de concepten rondom de plateauplanningsbenadering.[1]

---

[1]   De plateauplanningsaanpak is een door KPMG Nolan Norton & Co ontwikkelde methode voor het beheerst laten verlopen van omvangrijke IT-projecten, Batelaan, 1991.

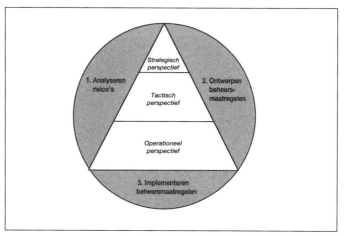

Figuur 7.9.   *Verschillende invalshoeken van waaruit risicomanagement kan worden toegepast.*

7.3.1 Risicomanagement vanuit strategisch perspectief

Risicomanagement vanuit strategisch perspectief richt zich met name op de opzet en planning van het totale veranderingstraject. Specifiek wordt gekeken naar het proces waarbinnen wordt bepaald op welke manier de realisatie van de visie van de organisatie zo beheersbaar mogelijk zal plaatsvinden. Een mogelijke benadering hierbij is de zogenaamde plateauplanningsbenadering. Deze benadering deelt ten behoeve van de beheersbaarheid het totale veranderingstraject op in een aantal opeenvolgende plateaus. Voor ieder plateau wordt een thema met bijbehorende resultaten voor de aspectgebieden IT, organisatie, processen en personeel bepaald. De resultaten voor deze aspectgebieden zijn hierbij onderling in evenwicht. Voor de realisering van het thema worden projecten benoemd. Plateaus volgen elkaar op in de tijd. Tussen elk plateau wordt tevens een rustpunt vastgesteld, zodat op basis van nieuwe inzichten of ontwikkelingen bijstelling van de volgende plateaus mogelijk is.

Voorbeeld   *Service op maat bij een dienstverlenende organisatie*
Om beter te kunnen inspelen op de marktvraag besluit een dienstverlenende organisatie de serviceverlening (op maat) naar cliënten toe te spitsen. Om deze doelstelling te bereiken moet de functioneel ingerichte organisatiestructuur worden aangepast naar een op branche gerichte organisatiestructuur. De volledige transformatie van de oude naar de nieuwe situatie strekt zich uit over een periode van vier jaar. Reorganisatie, herontwerp van bedrijfsprocessen, vernieuwing van de bestaande primaire en ondersteunende informatiesystemen zijn hierbij sleutel-

woorden. Om de totale verandering zo beheerst mogelijk te laten verlopen zijn drie plateaus vastgesteld. Voor ieder plateau zijn daarbij thema,
doorlooptijd en projecten vastgesteld. In figuur 7.10 is de plateauplanning weergegeven.

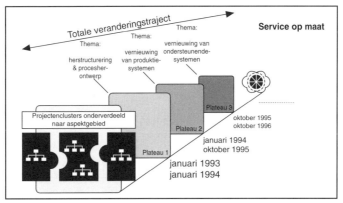

Figuur 7.10.   Plateauplanning bij een dienstverlenende organisatie.

Bij risicomanagement vanuit strategisch perspectief zijn met name de
Raad van Bestuur, directie, topmanagement en de projectmanager van
de onderneming betrokken. Het risicoprofiel geeft met name een beeld
van de risico's en gedachten die bij de betrokkenen leven over de sterke
en zwakke kanten van de visie en de wijze waarop de realisatie van de
visie moet plaatsvinden. Enkele specifieke aandachtspunten die in dit
geval bij de risico-analyse een rol spelen zijn:

- de (eenduidigheid van de) visie/strategie van de organisatie in relatie
  tot het vastgestelde veranderingstraject;
- de vastgestelde plateaus en bijbehorende thema's, resultaten en doorlooptijd;
- de (hoofd)projecten van de plateaus;
- de onderlinge relaties tussen de plateaus;
- schatting van de kosten en baten van het veranderingstraject;
- commitment van directie en topmanagement;
- bestaande organisatiecultuur en de cultuur die nodig is voor de verandering;
- personele en organisatorische consequenties van het veranderingstraject;
- invloed van de omgeving (regelgeving, afnemers, toeleveranciers,
  concurrenten, etc.);
- relaties met ander projecten binnen en buiten de organisatie.

133

7.3.2 Risicomanagement vanuit tactisch perspectief

Risicomanagement in deze situatie richt zich op de beheersing van de doelstellingen en (gemeenschappelijke) resultaten van een plateau. Daarnaast wordt gekeken met welke individuele projecten de doelstellingen moeten worden behaald. De mate waarin de doelstellingen en resultaten van de individuele projecten op de doelstellingen en resultaten van het plateau aansluiten, staat hierbij centraal.

Voorbeeld

Service op maat bij een dienstverlenende organisatie (vervolg)
De opstart van het tweede plateau vond plaats nadat de activiteiten van het eerste plateau waren afgerond. Eerste activiteit betrof het opstellen van een plateauplan. In dit plan werd het plateauthema nader uitgewerkt. Resultaten en doelstellingen van het plateau werden uitgewerkt. Nieuwe inzichten die waren ontstaan in het eerste plateau werden hierbij verwerkt. Daarnaast werden projecten, projectdoelstellingen en -resultaten benoemd. Enkele projecten die hierbij werden onderkend zijn onder andere project organisatorische invoering, project training en opleiding, project informatiebehoeften, project orderverwerkingssysteem (zie figuur 7.11). Voor de afstemming tussen de projecten binnen het plateau, maar ook met projecten en instanties buiten het plateau werden voorzieningen getroffen.

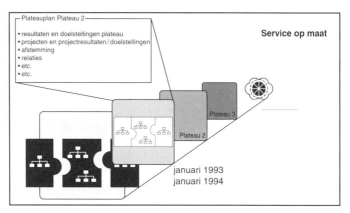

Figuur 7.11.   Plateauplan bij een dienstverlenende organisatie.

Bij risicomanagement vanuit tactisch perspectief zijn het middenmanagement en het projectmanagement betrokken. Specifieke aandachtspunten die in deze situatie bij de risico-analyse een rol spelen zijn:

- doelstellingen en (meetbare) resultaten voor het plateau;
- doelstellingen en (meetbare) resultaten op projectniveau;
- de samenhang tussen doelstellingen en resultaten op projectniveau en plateauniveau;

- begroting van de kosten en baten van het plateau en de projecten;
- de projectstructuur binnen het plateau; overleg/beslissingsinstanties en inrichting van de voortgangsrapportages;
- de wijze waarop kwaliteitsmanagement, risicomanagement en wijzigingsmanagement voor het plateau zijn ingericht;
- benodigde kennis en ervaring, resources en hulpmiddelen en de wijze waarop resourcebeheer en planning en controle zal plaatsvinden;
- relaties van projecten met projecten in voorafgaande/opvolgende plateaus of met andere projecten, instanties en leveranciers binnen en/of buiten de organisatie;
- technische complexiteit (toepassing unproven technologie) en functionele complexiteit (veel nieuwe functionaliteiten);
- motivatie en weerstanden bij betrokkenen.

7.3.3 Risicomanagement vanuit **operationeel perspectief**

Risicomanagement in deze situatie richt zich met name op de beheersing van individuele projecten. In geval van projectenclusters zijn dit vaak de kernprojecten van de cluster. Bij risicomanagement vanuit de optiek van de operationele beheersing wordt met name naast de opzet en inrichting van een (kern)project de operationele uitvoering en voortgang van een (hoofd)project onderzocht. Tevens wordt gekeken naar de door het project op te leveren (tussen)producten en de relatie tussen deze (tussen)producten.

Voorbeeld *Service op maat bij een dienstverlenende organisatie (vervolg)*

Een van de projecten betrof, zoals vermeld, de selectie en invoering van een workflow-managementsysteem. Gezien het aantal relaties met overige productsystemen, de beperkte kennis en ervaring met workflow-managementsystemen en de organisatorische impact werd besloten periodiek een projectdiagnose op dit project uit te voeren. (Zie figuur 7.12.)

In deze situatie zijn het projectmanagement, de projectmedewerkers, lijnorganisatie, leveranciers en eventueel overige externen betrokken.

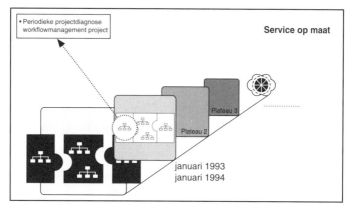

Figuur 7.12. Periodieke projectdiagnose

Aandachtspunten bij de risico-analyse zijn:

- de door het project te realiseren (meetbare) doelstellingen;
- de door het project op te leveren (tussen)producten;
- opzet van de projectplanning (doorlooptijd en fasering van het project, mijlpalen, e.d.);
- benodigde versus beschikbare capaciteit binnen het projectteam alsmede het verloop tijdens de duur van het project;
- benodigde versus beschikbare kennis en ervaring binnen het projectteam (opleiding & vorming);
- projectkosten (projectbegroting, en -bewaking);
- inzicht in de randvoorwaarden en doelstellingen van het project bij het projectteam;
- technische complexiteit (toepassing unproven technologie) en functionele complexiteit (veel nieuwe functionaliteiten);
- motivatie binnen het projectteam;
- inrichting en structuur van de projectorganisatie, taken, bevoegdheden en verantwoordelijkheden;
- uitwerking van personele consequenties en gebruikersbetrokkenheid;
- voortgangsrapportage, communicatie en besluitvorming;
- kwaliteitsbeheersing van producten en processen binnen het project;
- gebruikte (hulp)middelen en technieken binnen het project (denk aan ontwikkelmethode, standaards, ontwikkelfaciliteiten, e.d.).

7.3.4 Overzicht van de kenmerken per invalshoek

Tot besluit van deze paragraaf wordt voor de verschillende situaties, waarin risicomanagement van toepassing is, een samenvatting van de hoofdkenmerken gegeven.

Kenmerken	RM vanuit strategisch perspectief	RM vanuit tactisch perspectief	RM vanuit operationeel perspectief
Doelstelling	beheersing van opzet en planning van het totale veranderings-traject	beheersing van de op te leveren resultaten van een plateau	operationele beheersing van een individueel project
Beschouwings-gebied	gehele organisatie en soms omgeving	plateau met bij-behorende project-cluster en de totale organisatie daar-omheen	individueel project(en) en de bestaande organisatie daaromheen
Betrokkenen	RvB, directie, topmanagement, projectmanager	middenmanagement en project-management	projectmanagement, projectmedewerkers, gebruikers en evt. extern betrokkenen
Tijdshorizon	toekomst (meer dan 3 jaar)	heden (1-3 jaar)	nu (kleiner dan 1 jaar)
Specifieke aandachts-punten bij de risico-analyse	– onduidelijkheid strategie – invloed van de omgeving – organisatorische impact en personele consequenties – fasering van het veranderingstraject	– concretisering van doelstellingen en resultaten – kennis en ervaring van de project-manager – relaties tussen projecten binnen een plateau en relaties tussen plateaus – (uniforme) werk-wijze binnen een plateau – beschikbaarheid resources	– op te leveren (tussen)producten – dagelijkse project-voering – kennis en ervaring van de projectleiders en de project-medewerkers – kwaliteit (tussen)resultaten

Kenmerken	RM vanuit strategisch perspectief	RM vanuit tactisch perspectief	RM vanuit operationeel perspectief
Maatregelen	Gericht op fasering van het veranderings-traject en organisato-rische impact op langere termijn	Gericht op meetbaar-heid van resultaten en de projectorga-nisatie en werkwijze van een project-cluster	Gericht op de (tussen)producten en de planning en control van een project

7.4 Praktijkvoorbeelden

In deze paragraaf worden twee praktijvoorbeelden beschreven. Het eerste voorbeeld betreft de toepassing van risicomanagement vanuit strategisch perspectief. In dit voorbeeld staat de wijze waarop het veran-deringstraject binnen de onderneming moet worden ingevuld centraal. Het tweede praktijkgeval is een voorbeeld van risicomanagement vanuit de optiek van de operationele beheersing. In dit geval ligt de nadruk op de beheersing (van de onzekerheid) van de huidige en volgende fase van een project binnen een onderneming.

Praktijkvoorbeeld 1: Risicomanagement vanuit strategisch perspectief

Inleiding Binnen een dienstverlenende instantie is men sinds enige tijd bezig met de uitvoering van een omvangrijk project rondom de ontwikkeling van een nieuw informatiesysteem. Het nieuwe informatiesysteem moet be-staande losse systemen vervangen en integreren tot één geheel. Hierbij vindt tevens een belangrijke uitbreiding van de functionaliteit plaats. Een en ander met als doel in de toekomst te komen tot een meer efficiënte en effectieve dienstverlening (servicegraadverhoging). Bij aan-vang van het project is het de bedoeling dat het gehele systeem in een keer wordt gerealiseerd. Het complexe project heeft de volgende speci-fieke kenmerken:

- Naast vervanging van reeds bestaande functionaliteit veel nieuwe functionaliteit.
- Er wordt gebruik gemaakt van zeer geavanceerde techniek die nog niet veel vaker is toegepast ('not proven technologie').

- Hoge organisatorische impact; door het geïntegreerde karakter van het systeem raakt het de gehele organisatie. Daarbij vinden veel veranderingen in samenwerking tussen afdelingen plaats.
- Hoge sociale complexiteit; door de grote verandering die het nieuwe systeem met zich meebrengt is het implementatierisico (weerstand tegen veranderen) binnen de organisatie groot.
- Veranderlijke projectomgeving; met name de externe projectomgeving (denk aan wetgeving, voorschriften e.d.) is regelmatig aan verandering onderhevig. Gezien het strategisch belang van het systeem voor de organisatie vormt afstemming op deze bedrijfsomgeving hierdoor een belangrijk risico.

Na enige tijd vallen de resultaten van het project in termen van productvoortgang, tijds- en geldbesteding tegen. Bovendien wordt meer en meer getwijfeld aan de juistheid en haalbaarheid van de aanpak als oplossing om het project beheerst en succesvol af te ronden. Geplaagd door deze situatie enerzijds en het strategisch belang van het project anderzijds wordt het project een steeds groter punt van aandacht van de directie. Er bestaat echter onvoldoende inzicht in het project om de situatie goed te kunnen beoordelen en maatregelen te treffen. In opdracht van de directie en de projectmanager is toen besloten tot het uitvoeren van een projectdiagnose. Primaire doelstelling van de diagnose was:

- verkrijgen van eenduidigheid in de beeldvorming bij de directie over de situatie binnen het project in het algemeen en de gehanteerde aanpak in het bijzonder;
- basis vormen voor oordeelsvorming en besluitvorming met betrekking tot wijzigingen in de aanpak om het project op een meer beheerste wijze te laten verlopen;
- oordeelsvorming van de risico's in het vervolgtraject en het aangeven van beheersacties en beslispunten.

Aanpak In een voorbereidingsfase zijn afspraken gemaakt over de opzet en inhoud van het onderzoek. Daarbij is de scope van het onderzoek vastgesteld en zijn in overleg met de projectmanager de onderzoeksdeelnemers geselecteerd.
Hierna is in samenwerking met de projectmanager een vragenlijst opgesteld met daarin een groot aantal specifiek op het project toegespitste vragen. De vragen betroffen met name de aandachtsgebieden projectuitgangssituatie, projectdoelstelling(en), afstemming op de bedrijfsstrategie en sociaal organisatorische complexiteit.

Daarnaast zijn vragen gesteld voor de aandachtsgebieden projectbemensing, projectorganisatie en projecthulpmiddelen en -technieken. Vervolgens is de vragenlijst in een workshop aan de directieleden gepresenteerd en in de workshop door hen ingevuld. Daarna zijn de resultaten verwerkt. Hierna is een risicoprofiel opgesteld.

Risicoprofiel   Het risicoprofiel gaf het volgende beeld te zien:

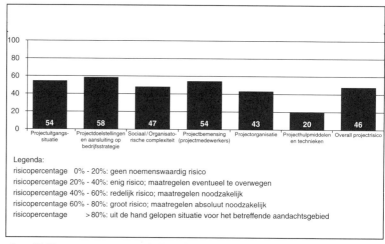

Figuur 7.13.   *Gemiddelde risicoscore per aandachtsgebied.*

Conclusies en aanbevelingen   Het totale projectrisico van 46% gaf aan dat het project in zijn totaliteit een redelijk risico liep. Sterk punt was met name de manier waarop met de nieuwe technieken en hulpmiddelen werd omgegaan en de risico's die men onderkende (kennis en ervaring, opleiding en vorming) bij het toepassen van unproven technologie. Dit laatste kwam met name tot uiting in het risicopercentage van het aandachtsgebied projectbemensing. Het risicopercentage van 54% voor het aandachtsgebied projectuitgangssituatie werd met name veroorzaakt door de invloed van de omgeving op het project. De risicoscore van 58% voor het aandachtsgebied projectdoelstelling(en) en -afstemming op de strategie werd met name veroorzaakt door het verschil in beeldvorming over doelstellingen en strategie bij de betrokkenen.

Na het opstellen van het risicoprofiel zijn de gevonden knelpunten en kansen systematisch bestudeerd en beoordeeld op prioriteit, impact en samenhang met andere knelpunten. Hierbij heeft een wegingsproces plaatsgevonden teneinde de gemeten risicogebieden in een juiste verhouding tot elkaar en tot de organisatie te kunnen plaatsen. Het resultaat van deze fase leidde tot een groot aantal concrete aanbevelingen. Enkele hiervan zijn:

- Gezien de omvang van het project zowel in tijd als in geld en de impact op de organisatie dient de aanpak te worden heroverwogen in een stapsgewijze benadering.
- Concretiseer de inhoud van de stappen waarbij de eerste stap meer in detail wordt uitgewerkt.
- Besteed extra aandacht aan personele consequenties (veranderende functies en taken) en speel hier zo vroeg mogelijk op in (overleg OR, opleidingen, etc.).
- Besteed extra aandacht aan (verschillen in) beeldvorming over de doelstellingen en verwachtingen van het eindresultaat.

De projectdiagnose is afgesloten met een rapportage van de bevindingen aan de directie. Dit leidde tot een verschuiving van een 'alles ineens benadering' naar een stapsgewijze benadering. In de aanbevelingen is een concreet stappen voorstel gedaan. Dit voorstel is door projectbetrokkenen in een plan van aanpak nader uitgewerkt.

Praktijkvoorbeeld 2: Risicomanagement vanuit de optiek van operationele beheersing

Inleiding Een middelgroot productiebedrijf was bezig met het selecteren van een geïntegreerd softwarepakket voor de ondersteuning van de productiefuncties en de logistieke functies. Deze nieuwe software diende ter vervanging van de bestaande verouderde systemen en moest leiden tot verbetering in de bestaande (arbeidsintensieve) informatievoorziening. Het productiebedrijf kende een complexe bedrijfsvoering, waarin zowel sprake was van seriematige productie, order(variatie)gewijze productie en projectmatige productie verdeeld over twee samenwerkende eenheden binnen de organisatie.

Het selectieproces werd zeer gedegen uitgevoerd en was al een eind gevorderd. Twee standaardpakketten waren overgebleven. Of er verandering in de mate van samenwerking tussen de twee bedrijfseenheden zou gaan plaatsvinden bestond nog onduidelijkheid. Wel was duidelijk dat dit zeker consequenties zou hebben voor de selectie en invoering.

Besluitvorming over de definitieve pakketkeuze en het daaraan verbonden invoeringstraject moest nog plaatsvinden. Voordat tot definitieve besluitvorming werd overgegaan werd besloten tot het uitvoeren van een projectdiagnose.

De diagnose moest antwoord geven op de volgende vragen:
- Kan de complexe bedrijfsvoering door een enkel standaardpakket worden gedekt?
- Is het selectietraject goed uitgevoerd en op welke wijze kan de complexiteit in het vervolgtraject beheerst worden?

Aanpak Gezien de vraagstelling en de gedegen aanpak van het selectietraject is niet alleen (de beheersing van) het lopende selectietraject beoordeeld, maar is met name gekeken naar risico's en kansen voor het vervolgtraject. De projectdiagnose is derhalve toegespitst op de aandachtsgebieden projectuitgangssituatie, projectdoelstellingen en afstemming op de bedrijfsstrategie, technisch/functionele complexiteit, sociaal/organisatorische complexiteit en projectorganisatie. De aandachtsgebieden projectbemensing, projectbeheer en beheersing en projecthulpmiddelen en technieken zijn dus gezien de gedegen aanpak niet in de diagnose opgenomen. Per aandachtsgebied zijn met behulp van een vragenlijst risico's en kansen geïnventariseerd. Met een geautomatiseerd hulpmiddel zijn daarna de gegevens verwerkt in een risicoprofiel.

Risicoprofiel De risicografiek voor de aangegeven aandachtsgebieden gaf het volgende beeld te zien:

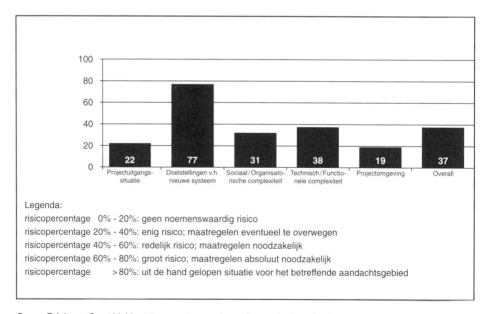

Figuur 7.14. Gemiddelde risicoscore per onderzocht aandachtsgebied.

Conclusies en aanbevelingen

Het totale projectrisico van 37% gaf aan dat het project in zijn totaliteit onder controle was. Sterke punten waren met name de pragmatische wijze van definiëring van eisen en wensen, de wijze waarop de projectorganisatie paste bij de organisatie, duidelijkheden in bevoegdheden en verantwoordelijkheden en de veranderingsbereidheid in de organisatie. Met name door de eenduidig vastgestelde eisen en wensen kon worden geconcludeerd dat beide overgebleven pakketten (in meerdere en mindere mate) bij de complexe bedrijfsvoering pasten. Teneinde een definitieve keuze te maken en de complexiteit in het vervolgtraject zoveel mogelijk te beheersen werd besloten voor een proeftuinproject met het pakket dat de voorkeur genoot. De start van de proeftuin was dus feitelijk de start van de invoering, maar met een 'go or no go' moment.

De risicoscore van 77% voor het aandachtsgebied projectdoelstelling(en) en afstemming op de bedrijfsstrategie en de score van 38% voor het aandachtsgebied technisch/functionele complexiteit gaven met betrekking tot de beheersing van het vervolgtraject aanleiding tot nadere discussie.

De onduidelijkheden binnen de organisatie ten aanzien van een mogelijke splitsing van de twee organisatie-eenheden vormde een reële bedreiging voor het invoeringstraject. Verandering in (de mate van) samenwerking zou van invloed zijn op autorisaties, (artikel)bestanden beschrijving van werkwijzen en de toekomstige invulling van het systeembeheer, etc.

Op het moment van de risicoanalyse was voorzien in vervanging van de server van het ethernet-netwerk. Er was echter nog onvoldoende duidelijkheid over de gewenste mate van (de)centralisatie van gegevensverwerking. Toch was het van belang dat de complexe wijze van bedrijfsvoering zou passen op de infrastructuur en omgekeerd. Indien decentrale verwerking zou worden gekozen, moest dit adequaat kunnen worden ondersteund door de aan te schaffen hard- en software. Mede op basis van de discussies zijn met name voor de twee risicogebieden aanbevelingen gedaan over de wijze waarop de risico's gereduceerd dan wel teniet gedaan kunnen worden.

De aanbevelingen waren:

Niet gericht op:	*Wel gericht op:*
– het overdoen van het hele traject	– aanvulling van essentiële aspecten
– opmerkingen op het proces	– leereffecten ten aanzien van het vervolg
– streven naar theoretische volledigheid	– praktische raadgeving
– alleen automatisering	– beleidaspecten organisatorische aspecten en technische aspecten

Enkele aanbevelingen die zijn gemaakt:

- expliciet de gewenste wijze van gegevensinvoer en -verwerking en de (technische) consequenties in kaart te brengen ten behoeve van de pakketkeuze, pakketinvoering (systeembeheer) en infrastructuur;
- naast de gebruikelijke aandacht specifiek kijken naar contractaspecten met betrekking tot de proeftuinfase;
- door te gaan met de opstart van een proeftuin, maar wel op voorwaarde dat er een duidelijke uitspraak werd gedaan over de gewenste organisatie structuur om onnodige discussies, vertragingen en demotivering in het vervolgtraject te vermijden.

Mede op basis van de diagnose is bij de pakketselectie en invoering in voldoende mate rekening gehouden met de splitsing van de twee organisatie-eenheden en is de invoering succesvol afgerond. Een aantal aanbevelingen op het gebied van de gegevensinvoer en -verwerking werd uitgesteld tot een later stadium.

8 Model voor het schatten en begroten van geïntegreerde IT-projecten

C.J.P. Overvoorde, drs. P.J.C. van Bladel

8.1 Inleiding

8.1.1 Aanleiding

Steeds weer blijkt dat IT-projecten zeer moeilijk te managen zijn. De redenen die hiervoor worden aangedragen zijn echter divers. Projectmanagers zijn gauw geneigd de bal naar de opdrachtgever of gebruikersorganisatie te kaatsen door te stellen dat deze telkens weer, tot aan de implementatiefase toe, met aanvullende functionaliteitseisen aan komt dragen. De gebruikersorganisatie verweert zich met het argument dat hun eisen en wensen niet goed worden overgenomen. Blijkbaar kunnen projectmanagers de consequenties van dergelijke extra eisen niet overzien. Ze stemmen er vaak mee in zonder hiervoor de begroting aan te passen of de doorlooptijd te herzien. De opdrachtgever kan de bal hierdoor makkelijk terugkaatsen door te stellen dat de projectmanager maar sneller had moeten aangeven dat eerder gemaakte ramingen niet realistisch meer zijn en dus bijstelling behoeven.

In het kader van de vraagstelling of men in een software-crisis is beland of niet, wordt vaak reikhalzend uitgekeken naar constructie- en bouwprojecten. Hier is men al in een vroegtijdig stadium in staat nauwkeurige begrotingen op te stellen. Dit 'trucje' zouden projectmanagers van IT-projecten ook eens moeten leren. Navraag geeft ons echter al snel veel duidelijkheid. Het zogenaamde 'trucje' heeft een jarenlange inspanning gevergd. Stap voor stap heeft men zorgvuldig gewerkt aan de opbouw van ervaringscijfers, aan de standaardisatie van werkprocessen en aan de ontwikkeling van specialismen waaronder die voor calculatorische doeleinden. Hierdoor kan men met recht spreken van een ingenieursvak. Maar ook hier staat men nog regelmatig voor grote problemen wanneer het bouwproject een sterk innovatief karakter heeft. De Oosterscheldedam en de Kanaaltunnel zijn hier enkele voorbeelden van.

Automatiseerders hebben zich in het verleden kunnen verschuilen achter de innovativiteit van hun vakgebied. De snelle opeenvolging van methoden en technieken aan zowel de hard- als aan de softwarekant, maakte het geheel voor slechts enkele doorzichtig. Voor opdrachtgevers en anderen buiten de IT-wereld werd het onmogelijk om het kaf van het koren te scheiden en zij waren dus voor een groot deel afhankelijk van deskundigen. Het werd hierdoor voor hen mogelijk proefondervindelijk het vakgebied op te bouwen, met het daarbij behorende vallen en opstaan. Dit nuttige maar ook kostbare leerproces schaadde de meeste bedrijven, maar was toch beperkt genoeg om het hoofd boven water te houden. De systemen betroffen immers veelal de ondersteunende processen waardoor de levensader van organisaties, het primaire proces, niet direct in gevaar kwam en de concurrentie deed het vaak ook niet veel beter.

8.1.2 Ontwikkelingen

De situatie zoals in de vorige subparagraaf beschreven, is nu echter drastisch aan het veranderen. Organisaties staan voor twee belangrijke uitdagingen:

- De systemen dringen steeds verder door tot de primaire processen. De informatiesystemen raken hierdoor zozeer verweven met de bedrijfsprocessen, dat de organisatie hiervan steeds afhankelijker wordt. Informatiesystemen zijn niet uitsluitend ondersteunend (kostenfactor), maar vaak ook een zelfstandige productiefactor. Het wordt hierdoor niet meer mogelijk informatiesystemen te ontwikkelen zonder de invloed op bedrijfsprocessen te veronachtzamen en vice versa. De impact die deze veranderingen op de organisatie hebben, wordt aanzienlijk vergroot. Gerichte aandacht voor de organisatie en het personeel dat er werkzaam is, is essentieel voor het welslagen van dergelijke IT-projecten. De omvang en complexiteit van IT-projecten neemt hierdoor toe (en dus ook de risico's). Het strategisch belang en de kosten die hiermee gemoeid zijn, kunnen organisaties in hun voortbestaan bedreigen. Hierdoor worden hoge eisen gesteld aan de beheersing van projecten.
- Er ontstaat een toenemende druk op budgetten die vrijgemaakt kunnen worden voor IT. De concurrentie van systeemontwikkelaars wordt sterker en opdrachtgevers stellen steeds strengere eisen. De markt laat hierdoor geen ruimte meer voor aanbieders die een project niet goed in de hand kunnen houden of te veel speling willen opnemen in het budget.

De toenemende omvang en complexiteit zoals in het eerste punt ver-
woord en de toenemende druk op budgetten werken niet bepaald in
elkaars voordeel. De eisen die aan het projectmanagement worden gesteld, worden steeds zwaarder. Een goed onderbouwde methode waarbij
een integrale aanpak wordt gehanteerd is essentieel om deze punten met
elkaar in overeenstemming te brengen.

8.1.3 Doelstelling

Om de horden uit subparagraaf 8.1.2 nu en in de toekomst te kunnen
nemen, dienen de volgende twee punten tot ontwikkeling te worden
gebracht:

- *Integrale systeemontwikkeling*: door alle fasen van een project wordt
  aandacht besteed aan een geïntegreerde ontwikkeling van organisatie, bedrijfsprocessen en informatiesystemen. Hiervoor is aangegeven welke activiteiten binnen welke fase uitgevoerd dienen te
  worden om de vereiste producten op te leveren. Deze ontwikkelbenadering draagt zorg voor een evenredige aandacht voor de drie
  aspecten van integrale systeemontwikkeling. Door uit te gaan van
  een algemene fasering, is deze methode toe te snijden op elke binnen
  een organisatie gehanteerde ontwikkelbenadering ([Vrins en Betz
  e.a., 1995]).

- *Integrale methode voor schatten en begroten*: Bij een integraal project
  spelen de aspecten systeemontwikkeling (SO), administratieve organisatie (AO) en organisatieontwikkeling (OO) een rol. Het juist
  inschatten van de benodigde inspanning is essentieel voor de beheersing van een project. Immers, beheersing vergt voorspelbaarheid. De
  SO-kosten zijn slechts een deel van de totale projectkosten. De AO-
  en OO-inspanning zullen tevens moeten worden ingeschat. In de
  methode zullen deze aspecten in samenhang worden bekeken. Hier-
  naast dient de methode erop gericht te zijn het ontwikkelproces
  beter meetbaar maken, vroegtijdig risicofactoren te identificeren en
  op een juiste manier de invloed van deze factoren in te schatten.

In dit hoofdstuk wordt nader ingegaan op een methode voor het schatten en begroten van integrale systeemontwikkeling. De methode biedt
specifieke mogelijkheden voor organisaties die op zoek zijn naar een
structurele verbetering van de kwaliteit van systeemontwikkeling op de
volgende punten:

- Kwaliteitsverbetering van de projectvoorbereiding. De methode
  biedt een totaal aanpak, waarin naast gerichte aandacht voor de
  verschillende elementen die voor het maken van een schatting noodzakelijk is, tevens aandacht wordt besteed aan de inrichting van het

schattingsproces. Door op basis van de binnen de organisatie gehanteerde systeemontwikkelingsmethode en beschikbare of te verzamelen ervaringscijfers de schattingsmodellen op maat te snijden, wordt een structurele verbetering van het schattingsproces gerealiseerd.

- Kwaliteitsverbetering van de projectbeheersing. Het meetbaar en inzichtelijk maken van het ontwikkelingstraject, draagt bij tot een steviger grip op dit proces. Hierdoor kunnen gerichte maatregelen worden ondernomen om het project op het juiste spoor te houden en de doelstellingen te realiseren. Door het meetprogramma op maat te snijden voor een specifieke omgeving en een koppeling te realiseren met de integrale ontwikkelbenadering, is de methode naadloos aan te sluiten op de ontwikkelingen binnen de organisatie.

- Kwaliteitsverbetering van de projectvoering. Door het blootleggen van oorzaak en gevolg relaties, kunnen maatregelen worden achterhaald om bijvoorbeeld de productiviteit te verbeteren. Van het gebruik van verschillende technieken of hulpmiddelen kan worden geverifieerd of deze daadwerkelijk een bijdrage leveren aan het ontwikkelproces.

Dit hoofdstuk gaat in op de manier waarop grote IT-projecten moeten worden begroot. In paragraaf 8.2 wordt ingegaan op het raamwerk voor schatten en begroten. Hierbij worden achtereenvolgens behandeld:
- de beperkingen van de huidige schattingsmodellen;
- de opbouw van het raamwerk;
- de relatie met risicomanagement;
- het cyclische karakter van schatten;
- hoe de methode is te gebruiken in de levenscyclus van informatiesystemen.

In paragraaf 8.3 wordt de in paragraaf 8.2 geschetste aanpak voor het schatten en begroten van grote IT-projecten verder uitgewerkt. Voor de drie aspecten van integrale systeemontwikkeling worden beïnvloedingsfactoren genoemd en enkele als voorbeeld uitgewerkt.

Tot slot worden in paragraaf 8.4 voor het schatten en begroten van grotere IT-projecten de belangrijkste conclusies getrokken en een blik in de toekomst geworpen.

8.2 Aanpak voor schatten en begroten

8.2.1 Beperkingen van de huidige modellen

In het afgelopen decennium is een veelheid aan schattingsmodellen opgesteld. Om de kwaliteit van deze modellen te bepalen zijn evenzoveel onderzoeksprojecten gestart om dit te achterhalen. Hieruit zijn enkele belangrijke conclusies te trekken:

- *Alle modellen richten zich op het vaststellen van slechts één van de aspecten van het schatten: óf op productiviteit, óf op omvang.* Een model dat zich richt op het schatten van de omvang van het product is bijvoorbeeld Functiepuntanalyse (FPA). Bij dit model wordt aan de hand van ervaringscijfers bepaald wat de vereiste inspanning is voor het realiseren van één eenheid van de omvang. Andere modellen richten zich uitsluitend op het schatten van de inspanning, gegeven de omvang van het te realiseren systeem. COCOMO is hier een bekend voorbeeld van. Hoewel de modellen soms goed bruikbaar zijn voor het oplossen van het specifieke deelprobleem, is er sterk behoefte aan een schattingsmodel dat zowel op omvang als productiviteit is gericht.

Figuur 8.1.   Schattingselementen.

- *Het toepassingsgebied van de modellen is uitsluitend het inschatten van de ontwikkeling van het geautomatiseerde informatiesysteem.* De overige aspecten van integrale systeemontwikkeling worden niet betrokken.
- *De modellen zijn gebaseerd op een niet-representatieve set historische gegevens.* Onderzoek toont aan dat de overdraagbaarheid van gegevens klein is en men dus moeilijk kan vertrouwen op dergelijke modellen. Dit principe staat bekend onder de term 'local for local'. Consequentie hiervan is dat modellen gebaseerd worden op ervaringscijfers die in de eigen omgeving zijn verzameld. De beperking ligt dus in het feit dat de ervaringscijfers alleen binnen de eigen omgeving kunnen worden toegepast.
- *Veel modellen stellen eisen aan de systeemontwikkelingsmethode en de producten die hierbij worden opgeleverd.* Vanuit het kwaliteitsaspect wordt een systeemontwikkelingsmethode geselecteerd. Het komt voor dat in dit geval het schattingsmodel niet op de systeemontwik-

kelingsmethode aansluit. Het selecteren van een systeemontwikkelingsmethode mag vanzelfsprekend niet zijn gebaseerd op het gehanteerde schattingsmodel, maar op het te realiseren product. Het goed afronden van het traject is het primaire doel van de systeemontwikkelingsmethode. Organisaties hebben om deze reden veel zorg besteed aan het opstellen en implementeren van dergelijke methoden. Het omwille van een schattingsmodel veranderen van de systeemontwikkelingsmethode is daarom vaak te veel gevraagd.

- *De schattingsmodellen zijn laat in het systeemontwikkelingstraject inzetbaar en hebben slechte schattingsresultaten tot gevolg.* Afwijkingen van 800% in de realisatiefase ten opzichte van de oorspronkelijke planning in de opstartfase worden geconstateerd. Slechts na kalibratie, dat wil zeggen het aanpassen van de parameters van een model aan een bepaalde omgeving, wordt de kwaliteit van de schattingen verbeterd.

Een belangrijke conclusie die hieruit kan worden getrokken, is dat er nu niet en waarschijnlijk nooit een algemeen toepasbaar model beschikbaar zal zijn dat ons het probleem van schatten en begroten uit handen zal nemen. De aandacht en een zekere inspanning zal per organisatie moeten worden gericht op de eigen omgeving. *Binnen deze omgeving dient een specifiek schattingsmodel te worden opgebouwd, op basis van de gehanteerde systeemontwikkelingsmethode, de karakteristieke beïnvloedingsfactoren en ervaringscijfers die in deze omgeving zijn verzameld.* Hierbij kan gebruik worden gemaakt van de ervaring en kennis die is opgedaan in andere omgevingen en bij het opstellen van andere modellen. Het model dat hierna uiteengezet wordt, is echter net zo flexibel aan te passen als het onderhavige product (integrale systeemontwikkeling) zelf; het raamwerk vraagt dus om een actief gebruik.

In de volgende paragraaf zal worden ingegaan op de aanpak die KPMG heeft ontwikkeld voor het ondersteunen van dit proces.

8.2.2   Het raamwerk

Omvang en
productiviteit

Bij het begroten van IT-projecten staan het bepalen van de omvang van het IT-project en het schatten van de productiviteit centraal (zie figuur 8.2).

Het is van groot belang bij grote IT-projecten niet alleen de SO (Systeem Ontwikkeling) aspecten te schatten, maar ook de OO (Organisatie Ontwikkeling) en AO (Administratieve Organisatie) aspecten. In een schattingsmodel voor integrale systeemontwikkeling worden alle aspecten van de integrale aanpak en de invloedssfeer van risico's bij het schatten en begroten verwerkt.

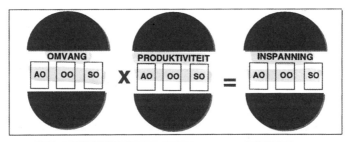

Figuur 8.2. *Formule voor het berekenen van de inspanning van een IT-project.*

Bij grote IT-projecten wordt de *omvang* bepaald door het aantal producten dat moet worden opgeleverd voor de gebieden administratieve organisatie (AO, bijvoorbeeld procedurebeschrijvingen), personele organisatie (organisatieontwikkeling OO, bijvoorbeeld aantal mensen) en systeemontwikkeling (SO, bijvoorbeeld functies).

Onder *produktiviteit* wordt de meeteenheid verstaan waarmee de inzet van projectbetrokkenen (programmeurs, analisten AO, enzovoort) wordt aangegeven. Een voorbeeld hiervan is het aantal programma's van een bepaalde categorie dat een programmeur per dag kan realiseren of het aantal functiebeschrijvingen van een bepaalde categorie (moeilijkheidsgraad) die een AO-medewerker per dag kan opstellen.

De omvang van de drie aspecten en de verwachte productiviteit van de projectbetrokkenen vormen de basis voor de begroting van mensen, bestede tijd, middelen en geld. Dit resulteert in een projectbegroting.

Kwantitatieve en kwalitatieve beïnvloedingsfactoren

Bij het inschatten van de omvang en de productiviteit moet met twee soorten beïnvloedingsfactoren rekening worden gehouden: kwantitatieve en kwalitatieve factoren.

De kwantitatieve factoren zijn objectief meetbaar. Deze factoren zijn af te leiden uit beschikbare documentatie of uit keuzes die zijn gemaakt ten aanzien van de te gebruiken hulpmiddelen. Kwantitatieve factoren zijn vastgelegd in het projectplan, waarin alle te realiseren producten zijn opgenomen. Kwantitatieve factoren zijn ook opgenomen in het kwaliteitssysteem dat voor het project wordt gehanteerd. De kwantitatieve factoren die op de omvang van invloed zijn, worden vaak via een telmethode met elkaar in verband gebracht. FPA (Functiepuntanalyse) is hiervan een goed voorbeeld. Elk type functie wordt hierbij gewogen door middel van vooraf vastgestelde tabellen. Deze factoren noemen we kwantitatieve omvangsfactoren. De invloed van kwantitatieve factoren op de productiviteit wordt vaak via benchmarking vastgesteld. De verschillen in productiviteit in een mainframe omgeving en in een PC-omgeving bijvoorbeeld worden vaak weergegeven in benchmarks. Aangezien deze factoren sterk de typering van het project bepalen noemen we deze in het vervolg projectfactoren.

Verschillen in uitkomsten van schattingen worden niet zozeer veroorzaakt door de kwantitatieve factoren (deze zijn immers goed reproduceerbaar), maar worden sterk veroorzaakt door de 'kwalitatieve' factoren. Verschillen worden veroorzaakt doordat een ieder met een andere bril naar het IT-project kijkt. Kwalitatieve factoren zijn slechts subjectief meetbaar. Van elke kwalitatieve factor zal echter de invloed op de omvang moeten worden bepaald. Vervolgens wordt de inspanning vastgesteld door de productiviteit vanuit de benchmark te vermenigvuldigen met de omvang. In figuur 8.3 is een en ander schematisch weergegeven.

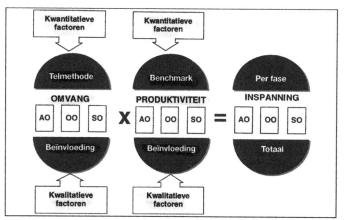

Figuur 8.3. *De invloed van kwantitatieve en kwalitatieve factoren bij het opstellen van een projectbegroting.*

De kwalitatieve factoren hebben een grote invloed op de uitkomst van het schattingsproces. Voorbeelden van kwalitatieve factoren die de inschatting van de omvang van het IT-project beïnvloeden zijn onder andere de veranderingsbereidheid van de organisatie, de status van het uitgangsmateriaal op basis waarvan het IT-project wordt opgestart, de organisatorische impact en weerstanden binnen de organisatie, cultuur van de organisatie versus cultuur die nodig is voor de verandering, enzovoort. Deze factoren noemen we in het vervolg kwalitatieve omvangsfactoren. Voorbeelden van de voornaamste kwalitatieve factoren die de productiviteit beïnvloeden zijn onder andere: kennis en ervaring van programmeurs en projectmanagers/leiders, motivatie en verborgen agenda's van projectbetrokkenen, toepassing van methoden en technieken, enzovoort. Deze factoren worden in het vervolg aangeduid met productiefactoren.

Relatie met risico-management

Voor het inschatten van kwalitatieve factoren is in de huidige situatie nog geen algemene methode/richtlijn gebruikelijk. Naar onze verwachting zal risicoanalyse ([Kleyn, 1994]) steeds meer worden gebruikt om te bepalen welke kwalitatieve factoren in een specifieke situatie van belang zijn (welke risicofactoren daadwerkelijk de projectbegroting zullen gaan beïnvloeden), welke invloed hier vanuit gaat en welke correctie(s) er daarom op de kwantitatieve projectbegroting moet(en) plaatsvinden.

Risico-analyse heeft als resultaat dat, indien dit gestructureerd wordt aangepakt, kwalitatieve 'verborgen' informatie die van belang is voor een juiste schatting en begroting van het IT-project, van alle projectbetrokkenen wordt verzameld. Op deze manier worden dus de kwalitatieve factoren in kaart gebracht, beoordeeld en hun invloed ingeschat.

Risicomanagement heeft als resultaat dat er een bewuste en meetbare relatie komt tussen risicobeheer (als onderdeel van projectmanagement) en de invloed op schatten en begroten.

Het uiteindelijke raamwerk voor het schatten en begroten, waarbij de invloed van risicomanagement is verwerkt, is in figuur 8.4 weergegeven.

Het bijzondere aan het model is dat de beïnvloeding van de 'projectcalculatie' op zowel de omvang als op de productiviteit van toepassing is, waardoor de invloed van risicofactoren gescheiden zichtbaar wordt gemaakt. Tussentijdse veranderingen kunnen na risico-analyse worden geconstateerd en verwerkt in de begroting.

Voordat op de schattings- en begrotingsaspecten van de verschillende aandachtsgebieden wordt ingegaan, wordt eerst geschetst hoe het traject van schatten en begroten verloopt.

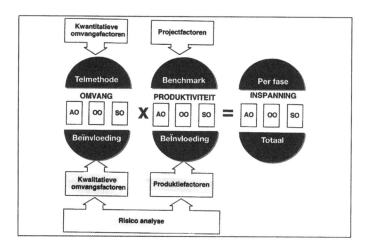

Figuur 8.4. Schatten en begroten van IT-projecten en de rol van risico-analyse.

8.2.3 Schattingscyclus

Het maken van een schatting is niet een op zichzelf staande activiteit. Wanneer een schatting geen aanknopingspunten biedt om het project beheersbaarder te maken, dan valt te bezien of men tijdens het project in staat is de schattingen te realiseren. Het maken van een schatting is ook geen eenmalige activiteit. Gedurende het hele project moet periodiek worden bezien of de gemaakte schatting nog realistisch is of dat zich dusdanige wijzigingen hebben voorgedaan, dat de schatting moet worden aangepast. De wijze waarop de methode wordt geïntegreerd in het project en over projecten heen is onderwerp van deze subparagraaf.

In de genoemde schattingsmodellen worden omvang, productiviteit en beïnvloedingsfactoren nadrukkelijk uit elkaar gehaald. Inzicht in deze drie elementen afzonderlijk schept immers de mogelijkheid om tijdens het verloop van het project te bezien of schatting en realisatie op deze elementen van elkaar afwijken. Gebruikerswijzigingen kunnen bijvoorbeeld de omvang van het product vergroten. Wanneer het opleidingsniveau onvoldoende blijkt kan dit nadelige consequenties hebben voor de productiviteit. Wanneer de complexiteitsfactor te rooskleurig blijkt te zijn ingeschat, zal dit van invloed zijn op de gemaakte schatting. Doordat deze factoren meetbaar zijn gemaakt binnen het model, kunnen deze afwijkingen eenvoudig worden geconstateerd. Hoe sneller het projectmanagement hierop in kan spelen, hoe makkelijker dergelijke problemen kunnen worden opgelost of doelstellingen worden aangepast. Het beheersen van de elementen biedt garanties voor het halen van de doelstellingen. Elke fase van het project met zijn specifieke factoren kan zo optimaal worden beheerst.

Een onrealistische schatting is funest voor de beheersing van een project. Het blijvend verbeteren van de schattingsresultaten is daarom van groot belang. Dit is een cyclisch proces dat zich over projecten heen afspeelt. Dit proces is weergegeven in figuur 8.5.

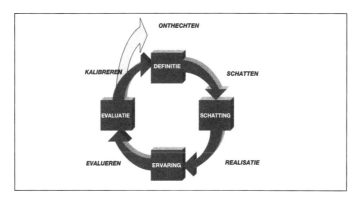

Figuur 8.5.   *De schattingscyclus.*

Het doorlopen van deze cyclus is van doorslaggevend belang voor het blijvend succesvol verbeteren van de schattingsresultaten. Om dit te garanderen is het nodig tijdens het project duidelijke taken en verantwoordelijkheden te definiëren. Deze zijn er tevens op gericht om gedurende het project de kwaliteit van de schatting te optimaliseren. In de schattingscyclus, zoals die door ons wordt voorgestaan, worden per fase deze taken beschreven.

Schatten   Het maken van een schatting heeft als startpunt het definiëren van het schattingsmodel. Het raamwerk kan hierbij als uitgangspunt worden genomen. Hierbij dienen, wanneer er nog geen uitgangsmateriaal voorhanden is, voor de verschillende aspecten van integrale systeemontwikkeling beïnvloedingsfactoren te worden opgesteld, voor de kwantitatieve omvangsfactoren telmethoden te worden bepaald en voor de projectfactoren benchmarks te worden vastgesteld. Bij het opstellen van een schatting, resulterend in een begroting, worden de volgende stappen doorlopen:

- Bereken voor de verschillende integrale aspecten met behulp van de telmethoden de uitgangswaarden voor de omvang.
- Stel de typering van het project vast en bepaal aan de hand van de opgestelde benchmarks de uitgangswaarde voor de productiviteit.
- Voer een risico-analyse uit en bepaal de aanpak van risicobeheersing. Resultaat van deze stap is een overzicht van de risicofactoren per product en activiteit per fase van het IT-project. Vervolgens worden

155

deze factoren gekwantificeerd ten behoeve van het bepalen van de verwachte invloed op de 'standaard' omvang en productiviteit. Niet alle risicofactoren hebben invloed op de projectfactoren. De kwantificering helpt bij het achterhalen welke factoren wel beïnvloedend zullen zijn.

- Kwantificeer de invloed van de kwalitatieve beïnvloedingsfactoren op de omvang en de productiviteit. Aangezien er een veelheid aan risicofactoren bestaat, zal het niet in alle gevallen mogelijk zijn vanuit ervaringscijfers de mate van beïnvloeding vast te stellen. Daar waar dit niet mogelijk is, zal op een expertmatige wijze de beïnvloeding moeten worden vastgesteld.
- Bereken de uiteindelijk omvang en productiviteit. Vermenigvuldiging leidt tot de geschatte inspanning.
- Stel de begroting vast. Met behulp van uurtarieven kan de geschatte inspanning voor de verschillende aspecten worden omgezet in geld. In deze stap kunnen tevens opslagpercentages worden verwerkt voor bijvoorbeeld projectmanagement en nominale investeringen worden opgenomen voor benodigde hard- en software.

Realisatie Tijdens de uitvoering van het project is het van belang dat aan de volgende punten aandacht wordt besteed:

- Een nauwkeurige urenregistratie.
- Het uitsplitsen van de bestede uren naar de aspecten van integrale systeemontwikkeling.
- Het bewaken van de omvang en de gerealiseerde productiviteit.
- Tijdens het project kunnen veranderingen optreden. Stel daarom regelmatig via een thermometer (risico-analyse) vast wat de status is en welke veranderingen dienen plaats te vinden. Hanteer hierbij opnieuw de schattingscyclus. Veranderingen betreffen niet slechts de kwalitatieve factoren, maar kunnen ook betrekking hebben op de kwantitatieve factoren (bijvoorbeeld verandering van ontwikkeltaal of hoeveelheid functionaliteit).
- Ga na welke verandering welke gevolgen heeft (het leggen van oorzaak/gevolg-relaties).
- De veranderingen dienen te worden verwerkt in de schatting. Maak daarom een nieuwe schatting of pas de schatting aan de nieuw ontstane situatie aan.

Evalueren Deze stap is cruciaal voor het verbeteren van de kwaliteit van schattingen. Gezien de tijdsdruk die er op de meeste projecten ligt, wordt een evaluatie van het project niet altijd uitgevoerd. Het uitvoeren van deze stap is echter de basis van iedere volgende schatting en maakt daardoor de kwaliteit van een volgende schatting beter.

De twee belangrijkste punten tijdens de evaluatie zijn:

- Het verklaren van de verschillen per aspect voor omvang en productiviteit. Hierbij dient te worden nagegaan welke beïnvloedingsfactoren een andere invloed hebben uitgeoefend dan was voorzien en welke oorzaak hieraan ten grondslag ligt (komt dit door een te lage inschatting van de factor of een verkeerde inschatting van de mate van beïnvloeding, of beide?).

- Het vastleggen van de resultaten van de evaluatie. Hierbij worden ervaringscijfers opgebouwd die de basis zijn voor het verbeteren van de schattingsresultaten.

Kalibreren/ onthechten De laatste stap betreft het aanpassen van het schattingsmodel op basis van het gerealiseerde project. Hierbij kunnen twee wegen worden bewandeld. In het eerste vindt een aanpassing plaats van het model (kalibratie), wanneer het model echter geheel niet voldoet zal in het tweede geval een geheel nieuw model moeten worden opgesteld (onthechten). Voor kalibratie volgen hier de te ondernemen stappen:

- Voor de verschillende kwalitatieve factoren moet via de ervaringscijfers inzicht worden opgebouwd in de mate waarin deze de inspanning beïnvloeden.

- Voor de kwantitatieve factoren moeten op basis van de evaluatie eventueel de telmethoden worden bijgesteld en de benchmarks worden aangevuld met het gerealiseerde project.

8.2.4 Fasering

De toepasbaarheid van de methode en de kwaliteit van de schattingen is afhankelijk van de fase van het project waarin de methode wordt gebruikt. In figuur 8.6 is een algemene fasering weergegeven van een informatiesysteem. In deze fasering zijn drie tijdvakken te onderkennen. Het eerste tijdvak betreft de periode waarin organisatie-breed een informatieplan wordt opgesteld/bijgesteld en vanuit een informatieplan concrete producten (informatiesystemen) worden gedefinieerd. Hierbij komen ook veel alternatieve producten aan de orde. Vanuit een kosten/baten-analyse wordt besloten welke producten gebouwd zullen gaan worden en welke niet. Dit vormt de overgang naar de ontwerp- en realisatiefase. Het product wordt ontworpen, gebouwd, getest en ingevoerd. Na invoering is het product in de beheerfase (exploitatie en onderhoud).

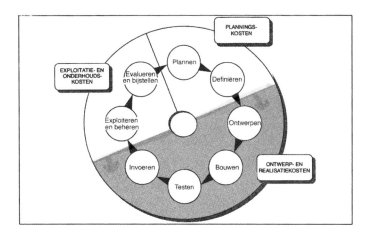

Figuur 8.6. **Levenscyclus informatiesystemen.**

In elk tijdvak van de levenscyclus worden specifieke kosten gemaakt. De methode zoals in dit hoofdstuk beschreven, is in eerste aanzet bruikbaar nadat er een product is gedefinieerd. Vanaf dit moment kan het ingezet worden om de kosten/baten-analyse te ondersteunen. De kwaliteit van de schatting hangt echter sterk af van de ontwikkeling van de methode. In eerste aanzet kan met de methode slechts met behulp van ranges inzicht worden gegeven in de kosten. Wanneer de schattingscyclus echter veelvuldig is doorlopen en de benchmark steeds meer resultaten gaat bevatten (beïnvloedende factoren en factoren die worden beïnvloed en hun onderlinge relatie), dan neemt de kwaliteit van deze schatting sterk toe met als resultaat kleinere ranges.

Tijdens de ontwerp- en realisatiefase kan de methode herhaaldelijk worden gebruikt. Aangezien het product steeds duidelijkere vormen aanneemt, zullen de schattingen in deze fase van betere kwaliteit zijn en daardoor minder afwijken.

In dit hoofdstuk wordt het gebruik van de methode in de beheerfase buiten beschouwing gelaten. Door ook voor dit tijdvak de specifiek beïnvloedende factoren te achterhalen en in te delen volgens het raamwerk, kan ook voor deze fase een schattingsmodel worden opgesteld.

8.3 Modellen voor integraal schatten en begroten

8.3.1 Inleiding

De geïntegreerde aanpak voor het schatten en begroten onderscheidt zich door een gedegen aanpak op de drie aandachtsgebieden van geïntegreerde IT-projecten. In deze paragraaf wordt het schattings- en begrotingsmodel voor de drie aandachtsgebieden verder uitgewerkt, waarbij wordt uitgegaan van het algemene model, zoals dat in paragraaf 8.2 is opgesteld.

Opgemerkt wordt dat de inhoud van het model per project wordt bepaald. De kwantitatieve factoren worden ingevuld vanuit het projectplan; de kwalitatieve factoren vanuit de projectdiagnose of risico-analyse. Als aanzet is in de hierna opgenomen modellen een aantal factoren ingevuld. Per model worden een aantal factoren toegelicht en wordt één voorbeeld uitgewerkt. Een volledige beschrijving van de effecten van alle factoren en de daarbij behorende berekeningen om te komen tot de totale inspanning is in het kader van dit hoofdstuk te omvangrijk.

Factoren beïnvloeden elkaar wederzijds

Iedere factor heeft voor het schatten en begroten op twee manieren consequenties. Bijvoorbeeld het aantrekken van kwalitatief goede medewerkers kan een positieve invloed hebben op de productiviteit van het project; de out-of-the-pocket kosten van deze medewerkers drukken echter ook zwaarder op het budget. Bij vertragingen betekent dit bovendien dat leegloopkosten exponentieel toenemen.

Aangezien aan projecten de AO-aspecten veelal aan de basis staan van de inrichting van de andere aspecten (OO en SO), zullen wijzigingen in AO-aspecten een grote invloed hebben op de andere aspecten. Omgekeerd geldt dat beperkingen in bijvoorbeeld de SO-aspecten (in een gekozen standaardpakket kan een gewenste functiescheiding niet worden gerealiseerd) zullen leiden tot aanpassing van de activiteiten (en daarmee de schatting) op OO- en AO-gebied.

Factoren hebben een verschillende invloed op schattingen van verschillende fasen

Het overdragen van binnen innovatieve projecten gerealiseerde kennis aan (nieuwe) medewerkers is enerzijds een productiefactor die als opslag voor de realisatiefase van een project kan worden gehanteerd, maar anderzijds een voordelig effect heeft op de schatting van werkzaamheden in de beheerfase.

In deze paragraaf worden achtereenvolgens het model voor AO, OO en SO beschreven, in analogie met de aanpak van een geïntegreerd IT-project.

8.3.2 Schattings- en begrotingsmodel voor de Administratieve Organisatie

Bij het opstellen van een begroting voor de AO-aspecten van een geïntegreerd IT-project, wordt de inspanning gemeten die moet worden geleverd om de AO-producten te realiseren. De inspanning wordt uitgedrukt in bedrijfspunten.

Het AO-model stelt een schatting op die is gebaseerd op de in het projectplan vastgestelde AO-producten. Om een kwalitatief goede schatting te kunnen maken dienen in het projectplan en/of het kwaliteitssysteem zo veel mogelijk kwantitatieve en kwalitatieve gegevens te kunnen worden onderscheiden.

AO-producten liggen veelal aan de basis van het vernieuwen van de informatievoorziening of het herinrichten van de werkprocessen. Dit houdt in dat het AO-traject veel iteratieve slagen zal bevatten, die regelmatig zullen leiden tot een herziening van de planning en daarmee de begroting.

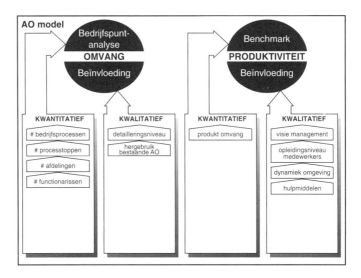

Figuur 8.7. *Model voor het schatten en begroten van IT-projecten: AO-aspecten.*

Hierna wordt kort op een aantal factoren ingegaan.

Detaillerings-niveau AO-producten

Het detailleringsniveau van een AO-product wordt bepaald door het proces dat erdoor wordt beheerst. Processen bij bijvoorbeeld bancaire instellingen zullen gedetailleerd zijn beschreven omdat een bank zorgvuldigheid naar haar klant dient te tonen en het gaat om geldstromen die goed dienen te worden beheerst binnen het bancaire proces. Het proces dat leidt tot het realiseren van een satelliet zal in detail zijn beschreven, omdat het gaat om een kostbaar product, waarbij een groot aantal componenten met elkaar samenwerken.

Algemeen geldt dat hoe gedetailleerder het eindproduct is, des te groter zijn de consequenties bij het wijzigen van een gerealiseerd AO-product.

Hergebruik bestaande AO

Bij het vaststellen of bestaande AO opnieuw kan worden gebruikt, moet bij het inplannen ervan rekening worden gehouden met de tijd die nodig is om de inpasbaarheid te toetsen en met de eventuele kleine aanpassingen. Bij het hergebruiken van bestaande AO moet ervoor worden gewaakt dat dit niet leidt tot een verstarring bij het uitvoeren van het project; het hergebruiken van bestaande AO mag niet vanuit een kostenoogpunt worden gedaan, maar vanuit een afgewogen beoordeling van het bestaande materiaal.

Bij hergebruik van bestaande AO kan ook gebruik worden gemaakt van reeds vanuit een ander oogpunt opgestelde beschrijvingen, bijvoorbeeld in het kader van ISO 9000-projecten.

Produkt-omvang

De productomvang wordt bepaald door de omgeving waarvoor AO-producten worden gerealiseerd. In organisaties met een groot aantal administratieve processen zal de omvang van AO-producten groot zijn. De onderlinge relaties tussen processen zijn zeer belangrijk en worden onder andere beheerst door het aspect functiescheiding. Een duidelijke vastlegging van taken en verantwoordelijkheden is daarom onontbeerlijk en zeer complex.

Algemeen geldt dat bij grote projecten de productiviteit voor het opstellen van AO-producten groter is dan bij kleine projecten, aangezien de activiteiten voor het opstellen van de AO-beschrijvingen kunnen worden gecombineerd.

Visie van het management

De mate waarin de visie van het management duidelijk is en de mate waarin het management vasthoudt aan deze visie is een factor die grote invloed heeft op de productiviteit van alle aspecten.

Immers, als pas enige tijd na de start van het project de visie van het management duidelijk wordt, is de kans groot dat een aantal reeds opgeleverde producten herzien moet worden. Nog erger wordt het als de visie van het management gedurende de loop van het project grondig wijzigt. De kans is dan zelfs aanwezig dat het project volledig opnieuw gestart moet worden. Opgemerkt wordt dat deze factor niet alleen van invloed is op de ontwikkeling van de AO, maar eventueel ook op de overige aspecten.

Dynamiek van de omgeving

Op projecten die sterk worden beïnvloed door omgevingsvariabelen, zoals wetgeving, richtlijnen van moedermaatschappijen of op handen zijnde fusies heeft deze factor veel invloed. Bij het inrichten van het project moet in dit geval rekening worden gehouden met regelmatig 'bewegende doelen' of 'bewegende randvoorwaarden'. Dit betekent dat er ruimte in de planning moet worden gereserveerd voor omstelactiviteiten en het tevens mogelijk is dat reeds gerealiseerde projectresultaten zullen moet worden herzien of zelfs worden vernietigd.

Hieronder volgt een situatieschets waarbij de dynamiek van de omgeving een belangrijke rol speelt.

Dynamiek omgeving

Een grote administratieve organisatie wilde na een succesvolle fusie haar bedrijfsactiviteiten opnieuw in kaart brengen en hierdoor een optimalisatie bereiken. Men beoogde de werkprocessen beter te stroomlijnen en ervoor te zorgen dat alleen processen zouden plaatsvinden die daadwerkelijk de doelstellingen van de organisatie zouden ondersteunen. Beperkende voorwaarde was echter dat de organisatie sterk afhankelijk is van een (steeds abrupt wijzigende) extern bepaalde wetgeving.

Bij het definiëren van de projectresultaten werd echter een fout gemaakt. Het project richtte zich volledig op het optimaliseren van de administratieve procedures die golden op het moment dat het projectplan werd opgesteld. Ten tijde van de projectuitvoering waren inmiddels een aantal punten aangepast. Reeds vastgelegde procedures moesten daardoor worden herzien, evenals beïnvloedingsfactoren voor andere procedures en aanbevelingen.

De dynamiek van de omgeving was in dit geval een productiviteitsbelemmerende factor. Met deze invloed had men rekening kunnen houden door met name aandacht te besteden aan het middels AO beheersen van de dynamiek, zodat een beter eindproduct zou zijn gerealiseerd tegen veel lagere kosten.

Hulpmiddelen

De inzet van hulpmiddelen heeft zowel invloed op de planning qua te besteden tijd als op de kwaliteit van opgeleverde producten. Het door een hulpmiddel opleveren van een betere kwaliteit betekent dat minder tijd behoeft te worden ingepland voor (handmatige) kwaliteitscontroles en dat wijzigingen in reeds gerealiseerde producten sneller tot stand komen. Wel moet tijd worden gereserveerd voor het opleiden van medewerkers voor het gebruik van het hulpmiddel en het inrichten van het hulpmiddel. Inzet van het hulpmiddel betekent ook een eenvoudige ondersteuning van het beheer. In veel gevallen worden AO-producten gebrekkig onderhouden, nadat het project is beëindigd.

8.3.3 Schattings- en begrotingsmodel voor de Organisatie Ontwikkeling

Bij dit model is uitgegaan van de methode 'Management of Organisational Change' (MOC). Op basis hiervan wordt in het navolgende gesproken over 'sponsor' waar het gaat om de initiator van het project. De 'target' van het project is het organisatie-onderdeel (afdeling of persoon) dat/die als doelstelling van het project wordt beïnvloed. De 'change agent' is degene die in opdracht van de opdrachtgever (de sponsor) het veranderingstraject tot stand brengt.

Bij dit model is het moeilijker om de effecten van met name de kwalitatieve factoren vast te stellen. Bij het schatten van de OO-aspecten geldt met name de invloed van ervaringen (benchmark) en het zo gefundeerd mogelijk vastleggen van uitgangspunten die zijn gehanteerd bij het opstellen van de begroting.
Het resultaat van dit model is een begroting van de OO-aspecten, waarin de omvang wordt uitgedrukt in veranderpunten.

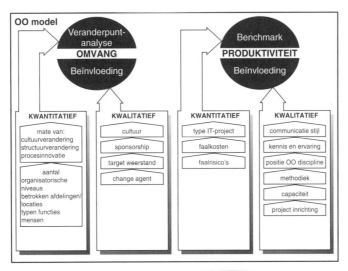

Figuur 8.8.   *Model voor het schatten en begroten van IT-projecten: OO-aspecten.*

Hierna wordt op een aantal factoren kort ingegaan.

Cultuur De invloed van de heersende cultuur bij het uitvoeren van een veranderingsproces moet niet worden onderschat. Organisaties of organisatie-onderdelen die al vele jaren op eenzelfde wijze zijn gestructureerd en op eenzelfde wijze werken zijn lastig aan te passen. Anderzijds kan cultuur ook in het voordeel werken van het project. Dit geldt met name indien bijvoorbeeld de informele structuur van de organisatie reeds overeenkomt met de gewenste formele structuur.

Sponsorship De invloed van de sponsor is bepalend voor de medewerking die binnen een organisatie aan het project wordt verleend. De sponsor heeft een initiërende en ondersteunende rol binnen het project. Een effectieve sponsor treedt onder meer regelmatig op in voorlichtingsbijeenkomsten, waarin de status van het project wordt weergegeven. Het sponsorship kan bijvoorbeeld lastig zijn uit te oefenen voor iemand wiens afdeling zelf onderwerp is van verandering omdat deze een belang heeft bij het project.

Type IT-project Voor de verschillende projecttypen wordt verwezen naar hoofdstuk 1. Bij IT-projecten die zich richten op 'IT als strategisch wapen' wordt een product gerealiseerd dat functioneert als zelfstandige productiefactor. De invloed van het project op de interne en externe organisatie is daardoor zeer groot. Het project voor het introduceren van geldautomaten bij banken en postkantoren en het langs elektronische weg aanbieden van betaalopdrachten door consumenten en bedrijven zijn hiervan enkele voorbeelden.

Faalkosten en faalrisico's De faalkosten zijn bepalend voor de maatregelen die men binnen het project neemt ten behoeve van kwaliteitsbeheer. De faalkosten bestaan niet alleen uit financieel verlies maar ook uit het verlies van imago (als het product niet op tijd voor marktintroductie gereed is tegen de gestelde kwaliteitseisen), demotivatie van personeel, afstaan van de concurrentiepositie, enzovoort.

Innovatieve projecten hebben grote faalrisico's. Er zijn veel onzekerheden, waardoor de kans van slagen negatief wordt beïnvloed. Indien het project wordt gezien als een factor die van strategisch belang is, zal het faalrisico lager zijn dan wanneer het project wordt ervaren als 'een goed idee', waarvan de inbrenger zelf moet zorgen voor realisatie. Het faalrisico moet altijd in relatie met het type IT-project worden beoordeeld.

Hieronder volgt een situatieschets waarbij het niet onderkennen van faalrisico's en weerstand een belangrijke rol spelen.

Invloed van het niet onderkennen van faalrisico's bij een innovatieproject bij een zakelijke dienstverlener

Een zakelijke dienstverlener plaatste in het verlengde van haar product 'software ten behoeve van data-entry' bij klanten. Concurrenten met een vergelijkbaar product gingen meer functionaliteit bieden dan alleen data-entry. Hierop besloot de onderneming haar bestaande data-entry pakket uit te breiden met meer beheersingsgerichte functionaliteit. Het bestaande data-entry pakket zou geleidelijk uit de markt worden genomen, waardoor werkgelegenheid zou verdwijnen binnen de onderneming. Technisch bleek realisatie van een nieuwe versie van dit pakket mogelijk, maar medewerkers voor een goede ondersteuning door een helpdesk konden niet intern worden aangetrokken. Deskundig personeel werd van buiten de onderneming aangetrokken voor het bemensen van de helpdesk voor het nieuwe product.

Omdat het personeel dat het bestaande data-entry pakket nog tijdelijk ondersteunde, vreesde voor haar werkgelegenheid, werd introductie van het nieuwe pakket door bestaande medewerkers van de organisatie tegengehouden. Dit werd vooraf wel als risico onderkend, maar werd niet in de projectbegroting opgenomen 'omdat het probleem te zijner tijd wel zou zijn opgelost'.

Het gevolg was dat zowel in de planning van de projectactiviteiten als bij het uitvoeren van het projectmanagement geen rekening werd gehouden met deze risicofactor. Het product kwam binnen gesteld budget en doorlooptijd gereed, maar doordat daarna een veranderingstraject binnen de organisatie tot stand moest worden gebracht (dat niet was begroot), werd het budget met 100% overschreden en was het product niet op tijd gereed voor introductie op de markt.

8.3.4 Schattings- en begrotingsmodel voor de Systeem Ontwikkeling

Het bepalen van de omvang van SO-producten door middel van FPA wordt door een groot aantal organisaties sinds enige jaren gedaan. Daardoor is een groot aantal benchmark gegevens beschikbaar. Echter, ook hier blijft het belangrijk de benchmarks in de eigen organisatie te ijken.

Het resultaat van dit model is een begroting van de SO-aspecten, waarbij de omvang wordt uitgedrukt in functiepunten.

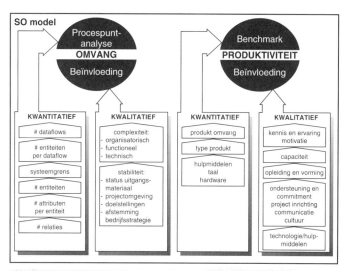

Figuur 8.9.   *Model voor het schatten en begroten van IT-projecten: SO-aspecten.*

Hierna wordt kort ingegaan op een aantal kwalitatieve productiefactoren.

Kennis,
ervaring en
motivatie

De kwaliteit van het projectresultaat wordt in grote mate beïnvloed door de kennis en ervaring van projectmanager en projectmedewerkers. De aanwezige kennis en ervaring beïnvloeden de productiviteit binnen het IT-project. Onvoldoende kennis en ervaring vormt bovendien de basis voor niet realistische inschattingen en planningen met als gevolg overschrijdingen van geplande activiteiten. In de praktijk betekent een overschrijding dat de oorspronkelijk begrote medewerker niet beschikbaar is en daardoor een minder gekwalificeerde medewerker wordt ingezet. Deze medewerker heeft meer dan de begrote tijd nodig voor het uitvoeren van de activiteit, waardoor opnieuw een uitloop wordt veroorzaakt. Het inzetten van minder gekwalificeerde medewerkers heeft daarnaast in de meeste gevallen een negatieve invloed op de kwaliteit van de uitvoering en het resultaat van activiteiten.

Medewerkers die niet gewend zijn in een projectorganisatie te functioneren zullen moeten worden begeleid; tenslotte is er in een projectorganisatie meer vrijheid om werkmethoden en ideeën te realiseren en voor te stellen dan in de lijnfunctie.

Capaciteit

In de praktijk blijkt dat medewerkers die full-time worden toegewezen aan projecten een lagere productiviteit hebben dan collega's die parttime aan een project zijn toegewezen. Anderzijds moet voor een projectmedewerker voldoende tijd bestaan om zich daadwerkelijk aan het project te wijden; wisselen van lijnorganisatie naar projectorganisatie of van de ene naar de andere projectorganisatie kost 'omsteltijd'. Ieder project en iedere lijnorganisatie kent z'n piektijden, hou daarmee dus rekening bij het inplannen van medewerkers. In plaats van het afgeven van een planning 'gemiddeld twee dagen per week, naar eigen inzicht in te delen', kan de inzet beter per week en activiteit worden vastgesteld. Een planning die duidelijk, betrouwbaar en ook nog eens commitment vraagt is een goede leidraad voor degenen die voor het project worden ingezet. Bij het plannen van lijnmedewerkers moet ook rekening worden gehouden met pieken in de lijnwerkzaamheden, zoals maandafsluitingen, enzovoort.

Opleiding en vorming

Bij het gebruiken van nieuwe technologiën of het inzetten van onervaren medewerkers is het investeren in opleiding een belangrijke beïnvloedende factor. Het toepassen van 'training on the job' heeft als nadeel dat de productiviteit bij aanvang laag ligt, omdat de betrokken medewerker moet worden gecoached.

Hieronder volgt een voorbeeld waarbij kennis en ervaring een belangrijke rol speelt.

Opvangen van onvoldoende kennis en ervaring door flexibele inhuurcontracten bij een dienstverlenende organisatie
In het kader van een stimuleringsregeling van het ministerie van Economische Zaken werd door een brancheverenigng een netwerk opgezet voor het uitwisselen van berichten via het openbare PTT-netwerk. Omdat de berichtenstructuur en de afhandeling van berichten zeer specifiek was, en de organisatie geen genoegen nam met bestaande technische mogelijkheden, werd een geheel nieuwe infrastructuur voor het afhandelen van berichten ontworpen. Het ging hierbij echter om een totaal nieuw product, waarvan de ontwikkelaars de mogelijkheden en beperkingen nog niet kenden. Er werd daarom een globale projectplanning gemaakt, die tweewekelijks in detail werd bijgesteld op basis van de recente ontwikkelingen en met de opdrachtgever werd besproken. Op basis van de detailplanning werd – via een flexibel inhuurcontract – de benodigde expertise aangetrokken. Hiervoor waren voor de start van het IT-project afspraken gemaakt. Het resultaat was dat het eindproduct kwalitatief goed was, en het kostenplaatje hoger dan bij een volledig gepland traject. Doordat echter vooraf randvoorwaarden en een globale projectplanning (inclusief een kostenschatting) waren opgesteld en tijdens de uitvoering actief werden beheerst (tweewekelijkse afstemming), was het eindresultaat naar tevredenheid van de opdrachtgever.

8.4 Conclusies

In het voorgaande is de doelstelling gegeven die aan het schatten en begroten wordt gesteld en zijn de beperkingen genoemd die aan de huidige schattingstechnieken te onderkennen zijn. De beschreven methode is opgesteld vanuit de optiek deze kennis optimaal te gebruiken om daadwerkelijk kwaliteitsverbeteringen te realiseren. Dat hieraan uiting is gegeven blijkt uit het volgende:

- Het raamwerk geeft aan dat de methode zich niet beperkt tot het berekenen van de omvang óf de productiviteit (de schattingselementen), maar deze in zijn geheel beziet. Beïnvloedingsfactoren kunnen daardoor worden toegewezen aan het element waarop zij daadwerkelijk invloed uitoefenen.

- De drie schattingsmodellen dragen zorg voor het in samenhang bezien van de kosten die tijdens een complex IT-project ontstaan. Een realistische inschatting van de kosten is van groot belang bij de beslissing of het project al dan niet uitgevoerd dient te worden, de wijze waarop (het toewijzen van de middelen voor de uitvoering) en bij het budgetteren van de verschillende activiteiten.

- De methode is zo ingericht, dat het goede aanknopingspunten biedt voor het verzamelen van bruikbare ervaringscijfers binnen de eigen omgeving. Het vergroten van de meetbaarheid van het project wordt gerealiseerd door de beïnvloedingsfactoren te kwantificeren en de invloed zichtbaar te maken door deze op een juiste manier toe te delen aan omvang en productiviteit en eventueel per fase.

- Door het open karakter van de methode is deze aan te passen aan de systeemontwikkelingsmethode die binnen een organisatie wordt gehanteerd. Telmethoden en benchmarks kunnen worden ingericht aan de hand van ontwikkelproducten en de gehanteerde fasering is via kengetallen te integreren.

- De schattingsresultaten zijn beter. De mate waarin de methode hierin voorziet, is grotendeels afhankelijk van de organisatie waarbinnen deze wordt gebruikt. We zijn er op dit moment allemaal van doordrongen dat meten weten is, maar niemand geeft hierbij aan dat meten voor het grootste deel zweten is. Het vraagt daarom van een organisatie de nodige (registratie-)inspanning om kwaliteitsverbetering te realiseren.

- Opvallend is dat nog te weinig organisaties hiertoe bereid zijn en een gestructureerde methode hebben ontwikkeld om hun ervaringen vast te leggen. Nog minder organisaties leggen de eigen ervaringen daadwerkelijk vast. Om de kosten van geïntegreerde IT-projecten in de toekomst betrouwbaar te kunnen schatten is een zorgvuldige en eenduidige vastlegging van ervaringscijfers echter onvermijdelijk. Voor hen die hiertoe bereid zijn, biedt de methode een handvat om dit probleem aan te pakken en te komen tot structurele verbeteringen. Dit opent op termijn mogelijkheden om de investeringen in IT-projecten zorgvuldig te kunnen vaststellen om daar de beoogde opbrengsten mee te confronteren. Het inschatten van de beoogde opbrengsten van een integraal IT-project is echter een vraagstuk op zichzelf.

- In dit hoofdstuk is vooralsnog alleen ingegaan op het opstellen van een schattingsmodel voor het realiseren van maatwerk in een geïntegreerd IT-project. De mogelijkheden van de methode zijn echter niet beperkt tot situaties waarin sprake is van nieuwbouw. Op dit moment wordt gewerkt aan uitbreiding naar het schatten en begroten van de gebieden onderhoud, beheer en exploitatie. Ook het begroten van pakketselectie is een belangrijk aandachtsgebied.
Ontwikkelingen in de markt kunnen door de opzet van de methode op de voet worden gevolgd. Het gebruik van nieuwe technieken of systeemontwikkelingsmethoden kunnen worden geïmplementeerd in de verschillende modellen. Interessant is om te zien of deze nieuwe technieken bijdragen tot een daadwerkelijke verbetering van systeemontwikkeling en zo ja, op welke punten.

9 De definitiestudie: een onmisbare stap op de weg naar informatisering

J.J.V.R.Wintraecken

9.1 Inleiding

De eerste stap in het leven van een informatiesysteem bestaat uit de 'definitiestudie'. Dit is een onderzoek naar de hoofdkenmerken en de gewenste levensloop van het informatiesysteem en naar de organisatorische, technische en financiële haalbaarheid van het realiseren ervan.
Als gevolg van trends en ontwikkelingen zoals:

- toenemende vervlechting van informatiesystemen en werkprocessen;
- toenemende technische en organisatorische complexiteit van informatiesystemen en de hierdoor ondersteunde werkprocessen;
- andere wijzen van systeemontwikkeling;
- toenemende omvang en complexiteit van het realisatietraject van informatiesystemen;

is het noodzakelijk geworden in een zo vroeg mogelijk stadium van de levensloop van informatiesystemen, dus al direct tijdens de definitiestudie, fundamentele beslissingen ten aanzien van die levensloop te nemen.

Als gevolg hiervan is de belangstelling voor definitiestudies de laatste jaren behoorlijk gegroeid. In dit hoofdstuk zullen wij laten zien hoe veranderingen op het gebied van informatisering hebben geleid tot nieuwe inzichten ten aanzien van definitiestudies.
Deze nieuwe inzichten zijn nog niet verwerkt in de meeste 'klassieke' handboeken voor systeemontwikkeling.

In paragraaf 9.2 wordt aangegeven langs welke fasen de levensloop van informatiesystemen plaatsvindt, wat de plaats van de definitiestudie hierbinnen is en welke de doelstellingen van een definitiestudie zijn.
Vervolgens worden in paragraaf 9.3 de belangrijkste van de hierboven bedoelde trends op het gebied van informatisering besproken en wordt

aangegeven welke effecten deze trends hebben op de uitvoering van
definitiestudies.

Daarna wordt in paragraaf 9.4 het voorgaande samengevat door aan te
geven welke de kenmerkende resultaten en producten zijn, die door
tegenwoordige definitiestudies dienen te worden opgeleverd.

9.2 Wat is een definitiestudie?

De definitiestudie vormt één van de fasen waarlangs het leven van informatiesystemen verloopt. Vooraleer de definitiestudie zelf te behandelen,
zullen wij eerst laten zien uit welke fasen de levensloop van informatiesystemen in de meeste gevallen bestaat en wat de plaats van de definitiestudie hierbinnen is.

9.2.1 De levensloop van informatiesystemen

De levensloop van informatiesystemen vindt meestal langs de volgende
fasen plaats ([Turner, 1990; Wintraecken, 1993]):

Informatie-
planning

Tijdens de *informatieplanning* wordt de grondslag gelegd voor aanpassingen en/of uitbreidingen van de bestaande of de ontwikkeling van
nieuwe informatiesystemen. Het eindproduct van deze fase is een plan
(gericht op een periode van 3 tot 5 jaar) voor de aanpassing of uitbreiding
van bestaande of voor de ontwikkeling van nieuwe informatiesystemen.
Ten behoeve van dit plan worden de bedrijfsprocessen die door de beoogde informatiesystemen worden ondersteund, ingedeeld in een aantal
groepen. Deze groepen worden gewoonlijk bedrijfsgebieden (business
area's) genoemd.

Definitiestudie

Tijdens de *definitiestudie* worden de aan te passen, uit te breiden of
nieuw te ontwikkelen informatiesystemen binnen één bedrijfsgebied op
hoofdlijnen beschreven.

Een definitiestudie heeft overwegend het karakter van een haalbaar-
heidsonderzoek. De aannames die tijdens de planning zijn gemaakt,
worden getoetst en de haalbaarheid van de gewenste ontwikkeling binnen het betreffende bedrijfsgebied wordt ingeschat.

Basisontwerp

Tijdens het *basisontwerp* wordt de gemeenschappelijke grondslag (bestaande uit de gemeenschappelijke elementen) van de te realiseren
informatiesystemen en de hieruit volgende veranderingen in werkprocessen en organisatie beschreven, zodat deze vanaf de volgende fasen op

grond hiervan onafhankelijk van elkaar, desnoods tegelijkertijd, kunnen worden ontwikkeld en gerealiseerd.

Detailontwerp   Tijdens het *detailontwerp* worden de producten van het basisontwerp per informatiesysteem, de hierdoor ondersteunde werkprocessen en de betrokken organisatiedelen verder gedetailleerd en uitgewerkt. Er is dus sprake van een afzonderlijke fase 'detailontwerp' per systeem.

Realisatie   Tijdens de *realisatie* worden de geautomatiseerde systemen in technische zin ontworpen, gebouwd en uitgetest, en worden gedetailleerde werkbeschrijvingen van de handmatige werkprocedures rondom de geautomatiseerde systemen opgesteld.

Invoering   Tijdens de *invoering* vindt een aantal activiteiten plaats die gericht zijn op de invoering van de systemen:
- het uittesten van de systemen en de werkprocedures door de organisatie: de acceptatietest. Deze moet, eventueel na een aantal correctieslagen, resulteren in de formele acceptatie van de systemen en de procedures door de organisatie;
- de omzetting van bestaande gegevens (al dan niet op elektronische wijze vastgelegd) naar de formaten die voor de nieuwe systemen vereist zijn: de gegevensconversie;
- het overgaan op en in gebruik nemen van de nieuwe systemen: de migratie.

Gebruik en beheer   Tijdens het *gebruik en beheer* vinden activiteiten plaats die gericht zijn op het gebruiken en in gebruik houden van de nieuwe systemen:
- het verlenen van ondersteuning aan de gebruikers;
- het verhelpen van fouten en problemen;
- het realiseren van nieuwe functionele eisen in de systemen;
- het up to date houden van alle documentatie;
- het beheren van de apparatuur, de harde programmatuur en de communicatievoorzieningen.

9.2.2   De definitiestudie

In de meeste gevallen heeft de definitiestudie de volgende doelstellingen:
- Het inventariseren van de behoeften aan vernieuwing van de bestaande informatiesystemen of aan de ontwikkeling van nieuwe systemen binnen het betreffende bedrijfsgebied. Hierbij wordt gekeken naar de meest recente beleidsvoornemens van de organisatie, naar

172

opgetreden problemen en knelpunten met betrekking tot de bestaande systemen en uiteraard naar het informatieplan.

- Het doen van een voorstel voor vernieuwing van bestaande informatiesystemen of voor nieuw te ontwikkelen systemen. Dit wordt gedaan door een niet al te gedetailleerd ontwerp op hoofdlijnen van deze systemen te maken. Hiermee worden, voorafgaand aan de eigenlijke ontwikkeling, al de nodige stokken in de grond gestoken. Een dergelijk algemeen ontwerp van een aantal informatiesystemen op hoofdlijnen wordt ook wel een *blauwdruk* (van de beoogde informatievoorziening binnen het betreffende bedrijfsgebied) genoemd.

- Het doen van een voorstel voor de invoering van en de overgang op de beoogde vernieuwde informatievoorziening, zoals door de blauwdruk beschreven. Dit voorstel wordt beschreven in een *globaal invoeringsplan*.

- Het onderzoeken van de haalbaarheid en de zinvolheid van het realiseren van de beoogde vernieuwde informatievoorziening en van het invoeringsplan.

Deze haalbaarheid en zinvolheid worden naar een aantal gezichtspunten onderzocht:

- Past de vernieuwde informatievoorziening qua werkwijze en qua inrichting van de werkprocessen binnen de organisatie?
- Zijn de veranderingen in werkwijze en inrichting van de werkprocessen, die de nieuwe situatie onvermijdelijk met zich brengt, niet te groot en zijn zij haalbaar?
- Is de beoogde vernieuwde informatievoorziening in technisch opzicht haalbaar met de bestaande of de eventueel aan te schaffen technische middelen?
- Is de planning van de invoering van en de overgang op de vernieuwde of de nieuwe informatiesystemen uitvoerbaar?
- Wegen de te verwachten kosten van de realisatie en invoering van de vernieuwde informatievoorziening op tegen de verwachte baten?
- Is er binnen, en zo nodig buiten, de organisatie voldoende draagvlak voor de beoogde vernieuwing van de informatievoorziening?
- Zijn de mogelijke risico's van de overgang op de vernieuwde informatievoorziening acceptabel?

9.3 Trends in informatisering en consequenties voor de definitiestudie

Zoals met veel zaken in onze samenleving het geval is, is ook de informatisering (vooral gedurende de laatste vijf jaren) aan een aantal trends onderhevig. Deze trends zijn uiteraard van invloed op de ontwikkeling en de verdere levensloop van informatiesystemen. Ook het karakter van definitiestudies is als gevolg van deze trends aan het veranderen. In deze paragraaf zullen wij een aantal (volgens ons de belangrijkste) van deze trends bespreken. Hierbij zullen wij voor iedere trend de mogelijke consequenties voor de definitiestudie aangeven.

In de volgende subparagrafen worden de trends besproken die de laatste jaren zichtbaar zijn geworden.

9.3.1 Van automatisering naar integrale informatisering

Er was een tijd dat geautomatiseerde informatiesystemen zich beperkten tot het ondersteunen, of op zijn hoogst automatiseren van delen, van de secundaire bedrijfsprocessen. De geautomatiseerde systemen stonden los van elkaar en stonden op enige afstand van de werkplekken van hun gebruikers. Het accent lag overwegend op verbetering van de efficiency van de uitvoering van de bedrijfsprocessen.

Inmiddels is de automatisering door groei en meer technische mogelijkheden opgeschoven naar het ondersteunen, of zelfs automatiseren van delen van, primaire bedrijfsprocessen. Dankzij nieuwe ontwikkelingen op het gebied van informatietechnologie (zoals centrale databases en communicatienetwerken) zijn de geautomatiseerde systemen meer en meer opgerukt naar de plekken waar het echte werk plaatsvindt en zijn zij meer en meer verstrengeld geraakt met elkaar en met de bedrijfsprocessen die zij ondersteunen of automatiseren. Het accent is meer komen te liggen op de verbetering van de effectiviteit van de uitvoering en van de besturing van de bedrijfsprocessen, door het leveren van de hiervoor nodige informatie. Er is daarom meer sprake van *informatisering* dan van enkel 'automatisering'.

Hierdoor is de situatie ontstaan dat in de meeste organisaties de informatiesystemen zozeer verstrengeld zijn geraakt met de bedrijfsprocessen, dat het niet meer mogelijk is de informatiesystemen te veranderen zonder de bedrijfsprocessen aan te passen en, omgekeerd, de bedrijfsprocessen te veranderen zonder de informatiesystemen aan te passen

Bij het aanpassen van de geautomatiseerde informatiesystemen of van de bedrijfsprocessen dient dan op een integrale wijze aandacht te worden geschonken aan zowel de bedrijfsprocessen als de informatiesystemen. Wij spreken dan van *integrale informatisering* ([Wintraecken, 1993; 1994]): het gelijktijdig en op samenhangende wijze ontwikkelen (dat wil zeggen: aanpassen of, in het meest extreme geval, volledig opnieuw ontwerpen) van:

- bedrijfsprocessen;
- de organisatorische inrichting ervan (inclusief de personele en veranderkundige aspecten);
- de geautomatiseerde informatiesystemen die de bedrijfsprocessen ondersteunen;
- de technische infrastructuur (apparatuur en communicatievoorzieningen), die nodig is om deze systemen te realiseren.

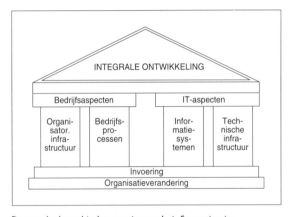

Figuur 9.1.   *De aandachtsgebieden van integrale informatisering.*

Consequenties voor de definitiestudie   Van integrale informatisering kan enkel dan sprake zijn als de verschillende aspecten van informatisering (zoals de te besturen bedrijfsprocessen, de organisatiestructuur, de geautomatiseerde informatiesystemen en hun technische infrastructuur) in samenhang met elkaar kunnen worden ontworpen en beschreven. Als gevolg hiervan is er in toenemende mate behoefte ontstaan aan beschrijvings- en modelleringstechieken waarmee deze verschillende aspecten kunnen worden beschreven en met elkaar in verband kunnen worden gebracht. Hiervoor zijn geautomatiseerde hulpmiddelen die de te gebruiken beschrijvingstechnieken ondersteunen en die voor de vastlegging van de beschrijvingen beschikken over een geïntegreerde database (waarmee onderlinge relaties tussen de gegevens kunnen worden gelegd) onontbeerlijk.

Aan dergelijke technieken en hulpmiddelen is in alle fasen van informatisering behoefte. Dus ook en zeker in de definitiestudie.

De producten die door de definitiestudie worden opgeleverd, dienen een globale (nog niet al te gedetailleerde) beschrijving te bevatten van ([Wintraecken, 1994; Betz, 1995]):

- de bedrijfsprocessen en hun inrichting;
- de organisatiestructuur;
- de objecten waarover ten behoeve van een effectieve besturing, beheersing en uitvoering van de bedrijfsprocessen, informatie dient te worden geleverd (de 'informatie-objecten');
- de geautomatiseerde informatiesystemen en hun globale functionele opbouw;
- de geautomatiseerde bestanden en hun globale opbouw uit gegevensgroepen en gegevenselementen;
- de technische infrastructuur (de nodige apparaten, hun onderlinge communicatievoorzieningen en de vereiste harde programmatuur voor de aansturing van deze apparaten), alsmede enkele algemene kenmerken van deze infrastructuur.

Verder dient, eveneens op globale wijze, te worden beschreven:

- welke organisatie-eenheden verantwoordelijk zijn voor welke bedrijfsprocessen;
- welke organisatie-eenheden de uitvoering van welke bedrijfsprocessen als taak hebben;
- welke organisatie-eenheden verantwoordelijk zijn voor de structuur en de inhoud van welke van de informatie-objecten;
- welke geautomatiseerde systemen welke bestanden gebruiken;
- welke bedrijfsprocessen door (welke delen) van welke geautomatiseerde systemen worden ondersteund;
- welke bestanden de gegevens van welke informatie-objecten bevatten;
- (welke delen) van welke geautomatiseerde systemen op welke apparaten dienen te worden verwerkt en (welke delen) van welke bestanden op welke apparaten dienen te worden opgeslagen.

Al deze beschrijvingen vormen samen een geïntegreerd model van de gewenste inrichting van de bedrijfsprocessen en hun informatievoorziening. Omdat het detailleringsniveau van dit model nog beperkt is, spreken we van een (geïntegreerde) *blauwdruk* van de bedrijfsprocessen en de informatievoorziening.

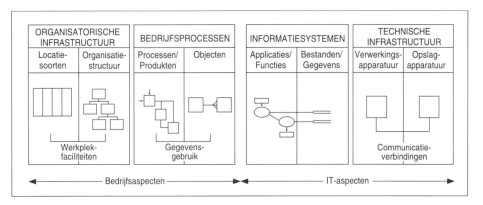

Figuur 9.2.   De aspecten van een geïntegreerde blauwdruk.

9.3.2   Van technische veranderingen naar organisatorische veranderingen

Door hun verstrengeling met de bedrijfsprocessen, leiden veranderingen in informatiesystemen onvermijdelijk tot aanpassingen in het werk en de werksituaties van de medewerkers van de organisatie. Bleven automatiseringsprojecten vroeger nog beperkt tot technische veranderingen binnen de geautomatiseerde systemen of met betrekking tot de te gebruiken apparatuur, tegenwoordige integrale informatiseringsprojecten leiden, naast technische veranderingen, bijna altijd ook tot organisatorische veranderingen.

Organisatorische veranderingen moeten goed worden begeleid willen zij kunnen slagen. De juiste personen moeten op de juiste wijze en op de juiste tijdstippen worden geïnformeerd. De onduidelijkheden met betrekking tot en de weerstanden tegen verandering, die er altijd zullen zijn, moeten door gerichte communicatie en andere maatregelen worden beantwoord. De risico's die de verandering in organisatorisch opzicht met zich mee brengen moeten worden ingeschat en er moet actie op worden genomen. De organisatorische verandering moet goed in de tijd worden gepland en deze planning moet nauwgezet worden bewaakt en zo nodig aangepast. Het begeleiden en aansturen van organisatorische veranderingen wordt *veranderingsmanagement* genoemd.

Het informatiseringstraject moet goed passen binnen de planning van de bijbehorende organisatorische verandering. Komen de informatiesystemen af terwijl de organisatie er nog niet klaar voor is, dan worden de systemen niet geaccepteerd. Komen zij te lang nadat de organisatieverandering zich voltrokken heeft beschikbaar, dan kan de veranderde organisatie niet op tijd steunen op de informatisering die juist het uitgangspunt van haar verandering was. In beide gevallen mislukt het organisatorisch veranderingsproces.

Daarom moet dit veranderingsproces worden geïntegreerd in het proces van informatisering. En om die reden wordt het veranderingsmanagement gerekend tot de aspecten waarop integrale informatisering zich richt, naast de ontwikkeling van de bedrijfsprocessen, de organisatorische inrichting ervan en de ontwikkeling van de geautomatiseerde systemen met de hiervoor benodigde technische infrastructuur (zie de figuren 9.1 en 9.3).

Consequenties voor de definitiestudie Het zal duidelijk zijn dat reeds in de definitiestudie een begin moet worden gemaakt met het voorbereiden van de voorziene organisatorische veranderingen. Dit betekent dat men in de definitiestudie dient te beschikken over technieken en hulpmiddelen om:

- de beschreven veranderingen op het gebied van informatisering te vertalen naar veranderingen in de bedrijfsprocessen, de werkwijzen en de organisatorische inrichting;
- mogelijke weerstanden tegen deze veranderingen en overige organisatorische en sociale risico's vroegtijdig (dat wil zeggen tijdens de definitiestudie) te ontdekken en te analyseren;
- acties te ontwerpen om deze weerstanden en risico's te verminderen; door het creëren van draagvlak voor de voorgenomen veranderingen;
- deze acties in de tijd gezien te plannen;
- deze planning af te stemmen met die van die van de informatisering;
- deze planning te verwerken in het globale plan voor de invoering van en de overgang op de vernieuwde inrichting van de bedrijfsprocessen en de vernieuwde informatisering (dit globale plan behoort tot de vaste producten van een definitiestudie).

Om zicht te krijgen op de omvang en de complexiteit van de gewenste verandering dienen – zoals reeds gesteld in hoofdstuk 3 – belangrijke vragen te worden beantwoord zoals:

- Wie zijn betrokkenen bij de verandering? (Deze vraag kan worden beantwoord door in de blauwdruk te kijken naar de koppeling tussen de organisatiestructuur en de werkprocessen.)
- Zijn betrokkenen vertegenwoordigd in het project en hebben zij de juiste rol?
- Vinden betrokkenen de verandering noodzakelijk/wenselijk en ondersteunen zij de verandering?
- Is voor hun duidelijk wat de verandering inhoudt (is de beschrijving van de bedrijfsgerichte aspecten van de blauwdruk duidelijk)?

- Is hun duidelijk wat de verandering aan persoonlijke consequenties met zich meebrengt (verandering in hulpmiddelen, werkwijze, normen en waarden, bevoegdheden)?
- Hebben zij vertrouwen in de haalbaarheid van de invoering van de gewenste verandering?
- Wat zijn belemmeringen voor een succesvolle invoering?

De planning en voorbereiding van acties ten aanzien van het creëren van draagvlak voor de veranderingen (meestal door het plegen van gerichte communicatie) vormt een afzonderlijk, op de organisatieverandering gericht, product van een definitiestudie.

9.3.3 Van verwerking op één plaats naar verspreiding van de informatievoorziening

Vroeger vond de gegevensverwerking op één centrale computer op één plek ergens binnen of buiten de organisatie plaats. Door moderne technologieën zoals communicatienetwerken, client-server architecturen en telematica, wordt de informatievoorziening nu in toenemende mate verspreid over de hele organisatie tot op of dicht bij de werkplekken van de gebruikers.

Consequenties voor de definitiestudie
Voor de definitiestudie betekent dit dat in de blauwdruk moet worden aangegeven op welke wijze de informatievoorziening dient te worden verspreid over de organisatie, zonder dat deze wordt versnipperd en de samenhang (het integrale aspect van de informatisering) verloren gaat. Concreet betekent dit dat de blauwdruk, naast de hiervoor genoemde aspecten, ook het volgende dient te beschrijven (zie ook figuur 9.2):

- de geografische plaatsen binnen het bedrijf en mogelijk ook daarbuiten waarop de uitvoering van de bedrijfsprocessen plaats kan vinden;
- een aanduiding (welke delen van) welke bedrijfsprocessen op welke van deze plaatsen worden uitgevoerd;
- een aanduiding welke apparaten van de technische infrastructuur op welke van deze plaatsen moeten worden opgesteld.

9.3.4 Van zelf bouwen naar kopen en op maat maken van kant en klare programma's

Het is de software-industrie natuurlijk niet ontgaan dat binnen vergelijkbare bedrijven, vergelijkbare bedrijfsprocessen op vergelijkbare wijze worden uitgevoerd en aangestuurd. Dit gaf de aanzet tot het ontwikkelen van standaard programma's (ook wel 'pakketten' genoemd) die binnen een zo groot mogelijk aantal bedrijven kunnen worden ingezet om bepaalde bedrijfsprocessen te ondersteunen.

Deze pakketten kunnen binnen verschillende bedrijven worden ingezet, op voorwaarde, natuurlijk, dat zij binnen de opzet en de inrichting van de betreffende bedrijfsprocessen passen en aan alle informatiebehoeften en eisen voldoen. Als dat niet volledig het geval is, moet de programmatuur van het pakket beter aan de behoeften worden aangepast. Dit wordt het op maat maken van het pakket genoemd.

Steeds meer leveranciers hebben hun pakketten zo gemaakt dat deze 'aan de buitenkant' door middel van parameters instelbaar zijn. Hierdoor lukt het steeds beter om de pakketten op maat te maken, zonder hiervoor de programmatuur zelf te hoeven veranderen of het pakket 'in te kapselen' in eigen gemaakte programmatuur.

Er wordt bij de ontwikkeling van de informatievoorziening door bedrijven veel gebruik gemaakt van kant en klare pakketten, om de voor de hand liggende reden dat men het omslachtige, langdurig en risicovolle traject van het volledig zelf ontwikkelen van geautomatiseerde systemen liever vermijdt.

De verwachting is dat de markt van softwarepakketten in de toekomst nog veel meer zal groeien, zeker als er technologieën beschikbaar komen waarmee het op maat maken van de pakketten wordt vereenvoudigd. De object georiënteerde softwaretechnologieën lijken een belofte in die richting in te houden.

Consequenties voor de definitiestudie	Direct na een definitiestudie dient een begin te worden gemaakt met het selecteren van eventuele pakketten, waarmee de geautomatiseerde informatiesystemen kunnen worden gerealiseerd. Dit heeft voor de definitiestudie de volgende consequenties:

- De blauwdruk dient zo te worden opgezet dat deze gebruikt kan worden als referentiemateriaal bij het selecteren en beoordelen van pakketten en bij het inschatten van de wijzen waarop deze voor de beoogde informatievoorziening op maat moeten worden gemaakt. Hierbij dient in de blauwdruk een niveau van detaillering te worden aangehouden, dat hiervoor net voldoende is. Te veel detail is overbodig en leidt als bijna vanzelf naar het zelf ontwikkelen in plaats van het inkopen van de systemen.
- Reeds tijdens de definitiestudie dient een verkenning van de markt en een voorselectie van mogelijke pakketten aan de hand van een aantal objectieve criteria plaats te vinden. Het resultaat is een 'short list' van mogelijk te selecteren pakketten. Mogelijke leveranciers van pakketten dienen hierbij om informatie te worden gevraagd.

9.3.5 Van lineair naar evolutionair ontwikkelen

Projecten waarin geautomatiseerde informatiesystemen worden ontwikkeld kenmerkten zich tot voor kort, en vaak nog, door hun uitzonderlijk lange doorlooptijden. Ontwikkeltijden van drie tot vijf jaar (de tijd die verloopt van definitiestudie tot het moment waarop de eerste resultaten zichtbaar worden) waren, en zijn nog steeds, geen uitzondering.

Het is duidelijk dat dit nauwelijks acceptabel is: tegen de tijd dat de systemen worden opgeleverd zijn het bedrijf en de wereld om het bedrijf zo veranderd, dat de systemen op het moment van hun oplevering al niet meer voldoen en al direct zijn verouderd.
Aangezien de bedrijven zich tegenwoordig in steeds sneller tempo moeten aanpassen aan veranderingen in hun buitenwereld, wordt dit probleem steeds pijnlijker.

Men is daarom lange tijd bijna wanhopig op zoek geweest naar mogelijkheden om de doorlooptijden van ontwikkelprojecten drastisch te verkorten. De oplossing is uiteindelijk gekomen van de software-industrie. Veel van de moderne geautomatiseerde hulpmiddelen voor het vastleggen van de specificaties van geautomatiseerde informatiesystemen bieden de mogelijkheid om na het beëindigen van de specificaties, als het ware 'met een druk op te knop' de systemen (mits deze niet al te ingewikkeld zijn) automatisch te laten programmeren. Ook zijn veel hulpmiddelen beschikbaar gekomen waarmee de gebruikers zelf, zonder dat hiervoor een programma hoeft te worden geschreven, gegevens uit de databanken kunnen opvragen. De ontwikkeling en verdere perfectionering van dit soort hulpmiddelen gaat ondertussen door.

Dankzij deze hulpmiddelen wordt het steeds beter mogelijk om de gebruikers, na afloop van een definitiestudie en een basisontwerp, in korte tijd een werkend voorbeeld te laten zien van het beoogde informatiesysteem. Dit kan vervolgens worden aangewend om in korte tijd de wensen van de gebruikers beter in kaart te brengen, waarna het werkend voorbeeld wordt aangepast, productierijp wordt gemaakt en in productie wordt genomen. Zo een werkend voorbeeld van een informatiesysteem wordt een *prototype* genoemd. Het proces waarbij het prototype op grond van de reacties van de gebruikers wordt verbeterd en (eventueel) uiteindelijk in productie wordt genomen, wordt *prototyping* genoemd.

Dankzij de werkwijze van prototyping is het mogelijk om in redelijk korte tijd een simpel informatiesysteem op te leveren, dat weliswaar enkel de meest essentiële functies biedt, maar waarmee de organisatie wel meteen aan de slag kan. Geleidelijk aan kan dit systeem dan worden uitgebreid, waarbij, langs de weg van geleidelijkheid en al naar gelang de behoeften van het moment, steeds meer van de gewenste functionaliteit wordt geboden. In plaats van het systeem volgens een vooraf opgezet strak plan van a tot z te ontwikkelen, laat men het systeem als het ware als een plant ontkiemen en groeien. Een dergelijke wijze van ontwikkelen wordt *evolutionair ontwikkelen* genoemd. Dit staat lijnrecht tegenover wat ook wel *lineair ontwikkelen* wordt genoemd: het in een keer ontwikkelen van het volledige systeem met alle gewenste functies, langs vooraf vastgestelde stappen. Het voordeel van evolutionair boven lineair ontwikkelen, is natuurlijk dat de organisatie al vrij snel geholpen is. Bovendien kunnen evolutionair ontwikkelende systemen makkelijker meegroeien met de veranderingen van de organisatie.

Consequenties voor de definitiestudie

De consequentie voor de definitiestudie is dat de blauwdruk gebruikt moet kunnen worden om de zich evolutionair ontwikkelende systemen op koers te houden. De blauwdruk fungeert in dit geval als het 'bestek' dat bepalend is voor de koers die de geautomatiseerde systemen tijdens hun evolutie dienen te volgen. Zonder een dergelijk 'bestek' zou de evolutie van de informatiesystemen zich onvoorspelbaar en grillig gedragen. De evolutie van de systemen dient zich zo te voltrekken dat op termijn de situatie die in de blauwdruk wordt beschreven, verwezenlijkt wordt. Alle besluiten ten aanzien van de evolutie van de systemen dienen hieraan te worden getoetst.

Het gevolg hiervan is dat de blauwdruk in dit soort situaties in plaats van als 'ontwerp' veel meer fungeert als 'kompas' voor evolutionair groeiende systemen. Een ander gevolg is dat de blauwdruk een situatie beschrijft die pas na enkele jaren, mogelijk in een gewijzigde vorm, wordt verwezenlijkt. Dit betekent dat de blauwdruk periodiek (bijvoorbeeld eenmaal per jaar) moet worden getoetst aan de dan geldende beleidsuitgangspunten en zo nodig moet worden bijgewerkt. En dit betekent dan weer dat de definitiestudie een repeterende in plaats van een eenmalige activiteit is geworden.

9.3.6 Van projectmanagement naar programma-management

Vroeger was het de gewoonte om vrij grote systemen in één keer te ontwikkelen. Omdat de complexiteit van de systemen de laatste tijd steeds meer is toegenomen, is de beheersbaarheid van dergelijke grote projecten flink afgenomen. En als gevolg hiervan zijn de risico's geste gen. Door hun omvang, complexiteit, geringe beheersbaarheid en grote risico's stranden te veel projecten vroegtijdig.

Hierop was er maar één antwoord: 'verdeel en heers' door uit te gaan van kleinere informatiesystemen die in kleinere projecten meer of minder onafhankelijk van elkaar kunnen worden ontwikkeld. Hierbij komt bovendien nog dat de hulpmiddelen die bij evolutionaire ontwikkelaanpakken worden gebruikt, eigenlijk alleen maar voor niet al te grote systemen goed werken.

In plaats van in één enkel groot project, worden informatiesystemen steeds meer in een aantal kleine, beperkte en vrij autonome projecten ontwikkeld, die ieder een klein deelsysteem van het beoogde informatiesysteem voor hun rekening nemen. Natuurlijk moeten al die projectjes wel in onderling verband worden aangestuurd en qua planning en inhoud op elkaar worden afgestemd.

In plaats van het managen van één groot, langdurig project, is er daarom steeds meer sprake van het aansturen, coördineren en op elkaar afstemmen van een aantal kleinere projecten. Dit laatste wordt, in tegenstelling tot 'projectmanagement', *programma-management* genoemd.

Consequenties voor de definitiestudie

De consequentie van deze trend is dat de blauwdruk na afloop van de definitiestudie gehanteerd moet kunnen worden als instrument om het programma-management in inhoudelijke zin uit te voeren. Alle inhoudelijke (deel)resultaten van de verschillende projecten moeten passen binnen het kader dat door de blauwdruk wordt beschreven. Vanuit de blauwdruk worden de projecten op inhoudelijk gebied aangestuurd. Om deze inhoudelijke aansturing goed te kunnen doen en om de resultaten van de projecten vergelijkbaar te houden, wordt van de projecten geëist dat zij dezelfde beschrijvings- en modelleringstechnieken en -hulpmiddelen gebruiken die ook bij het maken van de blauwdruk zijn gebruikt.

Het globale invoeringsplan moet de nodige handvatten bevatten om een veelheid van kleine projecten in organisatorische zin te kunnen aansturen.

9.3.7 Van zelf doen naar uitbesteden van complete projecten

Het uitvoeren en managen van automatiseringsprojecten vereist specialistische kennis en vooral tijd. In de meeste organisaties zijn beide meestal onvoldoende voorhanden. Bovendien vereist het de bereidheid de nodige risico's te accepteren en te beheersen. Juist die risico's zijn de organisaties liever kwijt dan rijk. Dit heeft er toe geleid dat de uitvoering van automatiseringsprojecten steeds meer wordt uitbesteed aan een projectaannemer die, vaak voor een vaste prijs, de verantwoordelijkheid voor het project op zich neemt. De projectaannemer is dan verantwoordelijk voor het resultaat van het project, aanvaardt de risico's en voert alle onderdelen van het project uit, inclusief, in voorkomende gevallen, het aanschaffen van softwarepakketten en/of apparatuur. Het staat de projectaannemer meestal vrij om delen van het project onder eigen verantwoordelijkheid uit te besteden aan onderaannemers. Onder invloed van de markt worden de softwarehouses, die traditioneel werken op basis van detachering van hun personeel (als waren zij uitzendbureaus), steeds meer gedrukt worden in de rol van projectaannemers. Een andere veel gebruikte, maar helaas minder duidelijke, naam voor 'projectaannemer' is *system integrator*.

De opdrachtgevende organisatie blijft natuurlijk wel verantwoordelijk voor de aansluiting van het uitbestede project met andere projecten (programma-management), voor de aansluiting met de bedrijfsprocessen en hun inrichting (integrale informatisering) en voor begeleiden van de organisatorische veranderingen (veranderingsmanagement). Op die manier kan de opdrachtgevende organisatie zich beter concentreren op taken die van nature meer bij haar 'leest' horen.

Consequenties
voor de
definitiestudie

Voor de definitiestudie zijn er de volgende consequenties van deze trend:

- De blauwdruk moet geschikt zijn om te worden gebruikt als basismateriaal bij offerte-uitvragen voor de aanbesteding(en).
- Ten opzichte van de project-aannemer(s) vervult de opdrachtgevende organisatie de rol van 'programma-manager' waarbij de blauwdruk op dezelfde wijze gebruikt wordt, als bij de voorgaande trend is aangegeven.
- Het globale plan voor de invoering van de gewenste informatieverzorging moet samen met de blauwdruk gebruikt kunnen worden om het project op verantwoorde wijze te kunnen uitbesteden en de eenmaal uitbestede projecten voldoende in de greep te kunnen blijven houden.

9.3.8 Moeilijker te begroten projecten

Wij hebben het al eerder gezegd: de informatiesystemen worden steeds groter, complexer en meer vervlochten met elkaar en met de bedrijfsprocessen. Informatisering brengt tegenwoordig bijna altijd organisatorische veranderingen met zich mee. Bovendien wordt ook de technologie met behulp waarvan de systemen dienen te worden gerealiseerd, steeds ingewikkelder. Konden wij vroeger nog volstaan met één grote centrale computer, tegenwoordig krijgen wij te maken met zaken als lokale, brede en publieke netwerken, chip cards, multi media, optische gegevensdragers, elektronische koppelingen, clients, servers en nog veel meer.

Het probleem is dat het door deze toenemende complexiteit en diversiteit steeds lastiger wordt om projecten vooraf juist te begroten. Hierbij komt nog dat de financiële onzekerheden en risico's die het gevolg zijn van de genoemde complexiteit en diversiteit er juist om vragen om het project in een zo vroeg mogelijk stadium (dat wil dus concreet zeggen: al tijdens de definitiestudie) zo goed mogelijk te begroten. Het probleem hierbij is dat tijdens de definitiestudie, door het beperkte niveau van detaillering, nog niet al te veel details over het project en de beoogde systemen bekend zijn. Kortom: een paradox die om oplossing vraagt.

Consequenties voor de definitiestudie

De consequentie hiervan is dat reeds tijdens de definitiestudie de kosten van het realiseren van de door de blauwdruk beschreven situatie, alsmede de hieruit te behalen baten voor de bedrijfsvoering, ondanks de groeiende complexiteit van toepassingen en technische middelen en hun organisatorische gevolgen, op verantwoorde wijze en met voldoende kleine foutenmarges moeten kunnen worden ingeschat.

Er komen in toenemende mate technieken beschikbaar om de baten van investeringen in informatisering te kunnen inschatten ([Coorens, 1995]). Eveneens zijn er veel ontwikkelingen rond technieken om in vroege fasen van ontwikkeling (zoals definitiestudies), met het dan beschikbare niveau van detaillering, de kosten van het realiseren van informatiesystemen op basis van risico-inschattingen en ervaringscijfers te kunnen begroten ([Heemstra, 1989]). Deze technieken dienen behalve met de kosten van het realiseren en/of aanschaffen van programmatuur en het aanschaffen van apparatuur, ook rekening te houden met de kosten van het invoeren van gewijzigde werkprocessen en de kosten van organisatorische veranderingen (zie hoofdstuk 8).

Een gedegen kosten/batenberekening, gebaseerd op de blauwdruk en het invoeringsplan, is een van de belangrijkste producten van de definitiestudie.

9.3.9 Van één projectsponsor naar meer financieel betrokken partijen

Vroeger kenden automatiseringsprojecten één opdrachtgever, ook wel de sponsor genoemd, die de financiële middelen voor het project beschikbaar stelde.

Tegenwoordig zijn de meeste grotere bedrijven opgedeeld in meer of minder autonome eenheden met eigen financiële verantwoordelijkheden. Als gevolg hiervan zijn er in de regel meer afzonderlijke partijen, ook wel *stakeholders* genoemd, die in de voordelen en de financiële baten van de te ontwikkelen systemen delen. Het ligt natuurlijk voor de hand dat deze partijen meebetalen aan de ontwikkeling.

Het komt nogal eens voor dat informatiesystemen vanwege een gemeenschappelijk belang door de verschillende bedrijven samen worden ontwikkeld. Die andere bedrijven vallen dan ook onder de stakeholders van het project. Informatiseringsprojecten die aan bepaalde eisen voldoen, meestal op het vlak van innovatie, kunnen vaak rekenen op subsidiëring van bepaalde overheden. In dat geval behoren ook deze overheden tot de stakeholders.

Om het budget voor een informatiseringsproject rond te krijgen, moet dus tegenwoordig voorafgaand aan het project ook een goede analyse worden gemaakt van de mogelijke stakeholders, van hun belang en hun mogelijke baten van de resultaten van het project en van hun hieruit volgende financiële bijdrage aan het project.

Consequenties voor de definitiestudie

Om de kosten/baten-begroting rond te kunnen krijgen, moet tijdens de definitiestudie een stakeholders-analyse plaatsvinden, om in volgende fasen enkel nog maar te hoeven worden aangescherpt.

De stakeholders-analyse moet leiden tot een plan voor samenwerking met en sponsoring door partijen binnen en/of buiten het betreffende bedrijf. In dit plan moet duidelijk zijn welke kosten en baten toegerekend kunnen worden aan deze partijen.

9.3.10 Toenemende aandacht voor risicobeheersing

Een van de gevolgen van de toenemende omvang en complexiteit van integrale informatiseringsprojecten is dat deze niet meer in hun geheel en op alle aspecten kunnen worden beheerst. Als reactie hierop is het management van dergelijke projecten zich steeds meer gaan richten op het onderkennen van de belangrijkste risico's die een succesvolle realisatie en invoering van een informatiesysteem kunnen ondermijnen en op het nemen van tijdige maatregelen om deze risico's te verkleinen. Zoals wij al eerder hebben aangegeven, vormen de risico's die verband houden met de noodzakelijke organisatieveranderingen en de acceptatie hiervan, een belangrijke risicocategorie.

Consequenties voor de definitiestudie

Het is in tegenwoordige informatiseringsprojecten gebruikelijk geworden om op verschillende tijdstippen metingen en analyses van risico's uit te voeren. Na elke meting en analyse worden vervolgens risicoverlagende maatregelen vastgesteld en uitgevoerd. Bij een volgende meting wordt dan het effect van deze maatregelen vastgesteld en worden eventuele nieuwe risico's gesignaleerd ([Kleyn, 1994]). Hierbij is het cruciaal dat risico's zo vroeg als maar enigszins mogelijk is worden onderkend en dat de risicoverlagende maatregelen zo snel mogelijk hierna worden geïmplementeerd. Vanzelfsprekend dient er daarom juist in een definitiestudie, de vroegste fase van de levensloop van informatiesystemen, aandacht te zijn voor risicobepaling en risicoverlaging.

9.3.11 Eindconclusie: van de achterkant naar de voorkant van de informatisering

Informatieplanning, definitiestudie en basisontwerp worden samen ook wel de 'voorkant van de informatisering' genoemd. De andere fasen (detailontwerp, realisatie, invoering en gebruik en beheer) worden samen ook wel de 'achterkant van de informatisering' genoemd.

Bij het ontwikkelen van geautomatiseerde informatiesystemen lag vroeger de nadruk vooral op de achterkant van het ontwikkeltraject. Het 'echte werk' vond plaats vanaf het detailontwerp. De daaraan voorafgaande fasen beperkten zich vaak tot het produceren van enkele algemene documenten.

De laatste jaren is als algemene trend zichtbaar geworden dat reeds tijdens het voortraject belangrijke beslissingen moeten worden genomen en belangrijke eerste stappen moeten worden gezet. De hierboven beschreven trends ondersteunen dit beeld. Samenvattend kan daarom worden gesteld dat de nadruk geleidelijk aan meer op een goede uitvoering van de voorkant van de informatisering is komen te liggen. Als gevolg hiervan is het belang van de definitiestudie toegenomen.

Een gevolg hiervan is dat moderne definitiestudies meer en ook andere resultaten en producten opleveren dan vroeger het geval was. In de volgende paragraaf geven wij hiervan een overzicht.

9.4 De producten van tegenwoordige definitiestudies

Hieronder geven wij een opsomming van de producten (de 'documenten') die door moderne definitiestudies in de meeste gevallen dienen te worden opgeleverd (zie ook figuur 9.3).

1. *Produkten in verband met ontwerp en realisatie:*
   - een beschrijving van de huidige informatieverwerking en de huidige informatiseringsprojecten (inclusief knelpunten en risico's);
   - een geïntegreerde blauwdruk van de toekomstig gewenste informatievoorziening;
   - een globaal plan voor de invoering van en overgang op deze gewenste informatievoorziening.

2. *Produkten in verband met veranderingsmanagement:*
   - een plan ten aanzien van het creëren van draagvlak voor de invoering van de gewenste informatievoorziening.

3. *Produkten in verband met kosten en baten:*
   - een verkenning van de markt van apparatuur, programma-pakketten en projectaannemers;
   - een plan voor na te streven samenwerking en sponsoring bij het realiseren en invoeren van de gewenste informatievoorziening;
   - een gedegen kosten- en batenberekening.

4. *Produkten in verband met besluitvorming:*
   - een document ter voorbereiding van de besluitvorming over de realisatie en de invoering van de gewenste informatievoorziening.

5. *Produkten in verband met risico-, kwaliteits- en projectbeheer:*
   - een onderzoek naar de risico's van de invoering van de gewenste informatievoorziening;
   - een project- en een kwaliteitsplan voor de eerstvolgende stap in het realiseren en invoeren van de gewenste informatievoorziening.

In de volgende tabel is voor de belangrijkste van deze producten aangegeven welke producten het antwoord zijn op welke van de in de vorige paragraaf beschreven trends.

Produkt definitiestudie	Trend
Geïntegreerde blauwdruk toekomstige situatie	Van automatisering naar integrale informatisering Van verwerking op één plaats naar verspreiding van de informatievoorziening Van zelf bouwen naar kopen en op maat maken van kant en klare programma's Van lineair naar evolutionair ontwikkelen Van projectmanagement naar programma-management Van zelf doen naar uitbesteden van complete projecten Moeilijker te begroten projecten
Globaal invoeringsplan	Van lineair naar evolutionair ontwikkelen Van projectmanagement naar programma-management Van zelf doen naar uitbesteden van complete projecten Moeilijker te begroten projecten
Plan ten aanzien van het creëren van draagvlak	Van technische veranderingen naar organisatorische veranderingen
Plan voor samenwerking en sponsoring	Van één projectsponsor naar meer financieel betrokken partijen
Kosten- en batenberekening	Moeilijker te begroten projecten
Verkenning van de markt	Van zelf bouwen naar kopen en op maat maken van kant en klare programma's
Risico-analyse	Van technische veranderingen naar organisatorische veranderingen Toenemende aandacht voor risicobeheersing

Figuur 9.3 beschrijft de onderlinge samenhang tussen en de onderlinge beïnvloeding van de producten die verband houden met ontwerp en realisatie, veranderingsmanagement en kosten en baten.

189

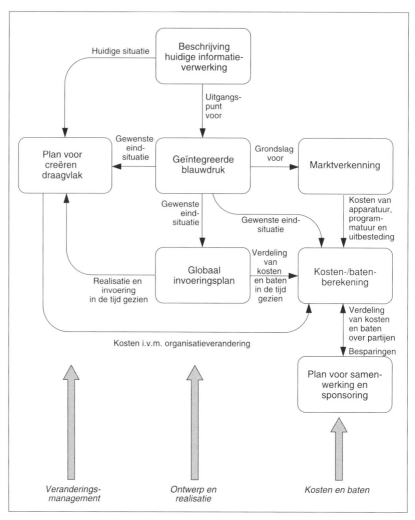

Figuur 9.3.   De samenhang tussen de producten van een definitiestudie.

9.5   Samenvatting

In dit hoofdstuk is aangegeven hoe de definitiestudie past in de levensloop van een informatiesysteem en welke doelstellingen een definitiestudie in het algemeen heeft. Vervolgens is een aantal trends op het gebied
van informatisering en automatisering besproken, waardoor volgens ons
het karakter van definitiestudies wordt veranderd. Van iedere trend zijn
de consequenties voor de definitiestudie aangegeven. Ten slotte zijn de
kenmerkende resultaten en producten van tegenwoordige definitiestudies beschreven.

Samenvattend kan worden gezegd dat door een aantal recente trends en ontwikkelingen het accent bij informatisering meer op de voorkant dan op de achterkant van het informatiseringstraject is komen te liggen. Als gevolg hiervan neemt het belang van definitiestudies toe. Een juist uitgevoerde definitiestudie vormt in toenemende mate een kritieke factor voor het welslagen van een informatiseringsproces.

10 Implementatie in geïntegreerde IT-projecten

Van assisteren naar integreren over project- en disciplinegrenzen heen

Drs. A.S. Wuestman, drs. T.R.J. Bosselaers

10.1 Inleiding

Het belang van gebruikersparticipatie bij automatiseringsprojecten is tegenwoordig alom aanvaard. De ervaring heeft geleerd dat acceptatie van nieuwe informatiesystemen door gebruikers essentieel is voor het succesvol functioneren van deze systemen. Naarmate de systemen complexer worden verschuift de verantwoordelijkheid voor de acceptatie steeds vaker van de afdeling automatisering naar de (lijn)manager van het bedrijfsonderdeel waarvoor het informatiesysteem ontworpen is. In veel gevallen gaat het hierbij om zogenoemde geïntegreerde projecten.

Onder geïntegreerde projecten verstaan wij projecten waarbij IT actief wordt ingezet – als verbeterinstrument of als strategisch wapen – in plaats van passief – als hulpmiddel of beheersinstrument (zie ook hoofdstuk 1). Kenmerkend voor geïntegreerde projecten is dat de volgende doelstellingen tegelijkertijd gerealiseerd worden ([Betz, 1995]):
1. ontwerpen, realiseren en implementeren van informatiesystemen met de daarbij behorende technische infrastructuur;
2. (her)ontwerp en inrichting van de bedrijfsprocessen en de daarbij behorende (administratieve) organisatie;
3. (her)inrichten van de personele organisatie en het begeleiden van het totale veranderingsproces.

Daar waar IT als hulpmiddel of als beheersinstrument (met name doelstelling 1) wordt ingezet, hebben automatiseerders veel kennis van het uitvoeren van IT-projecten in bestaande bedrijfsprocessen. In deze situatie kunnen automatiseerders zich gemakkelijk verplaatsen in de positie van de gebruiker. De verantwoordelijkheid voor de invoering en acceptatie wordt dan veelal gedelegeerd naar de automatiseerder, geassisteerd door de gebruiker.

Bij geïntegreerde projecten probeert een organisatie de bedrijfsvoering te verbeteren door een optimale afstemming tussen de informatiesystemen, de administratieve organisatie en de personele organisatie te bewerkstelligen. Uitgangspunt voor de veranderende bedrijfsvoering is een nieuwe strategie voor de komende jaren die vanuit de top van de organisatie is uitgedacht. Deze strategie wordt uitgewerkt in projecten. De lijnmanager is vanwege de veranderende bedrijfsvoering nauw bij deze projecten betrokken en hij zal zich daarom nadrukkelijk bezig houden met het IT-onderdeel. Immers een geaccepteerd informatiesysteem bepaalt mede het succes van de gedefinieerde projecten en de nieuwe bedrijfsstrategie.

In projecten waar naast het informatiesysteem ook de bedrijfsprocessen en de personele en administratieve organisatie veranderen, kan noch de automatiseerder noch de gebruiker het hele project overzien. Het beeld van de toekomstige organisatie kan men zich nog wel globaal voorstellen, maar zaken als de haalbaarheid van het project, het resultaat in termen van kosten en baten en de wijze waarop het gerealiseerd moet worden blijven onduidelijk. Het project krijgt daardoor iets ongrijpbaars. Een delegatie van de verantwoordelijkheid voor de invoering van het informatiesysteem naar de automatiseerder vormt daardoor een groot risico. Deze ongrijpbaarheid kan door een goede samenwerking tussen verschillende disciplines worden ingeperkt. Hierbij kan worden gedacht aan lijnmanagers, automatiseerders, materiedeskundigen, deskundigen op het gebied van personele en administratieve organisatie. Bij een dergelijke samenwerking draagt ieder vanuit zijn vakgebied bij aan het realiseren van de doelstellingen van het project. Op deze wijze kunnen ingrijpende veranderingen worden gerealiseerd. De verantwoordelijkheid voor de invoering komt dan te liggen bij degene die verantwoordelijk is voor het project. Dit is in veel gevallen een lijnmanager.

In dit hoofdstuk zullen we door middel van aanbevelingen aangeven welke bijzonderheden in onze eigen aanpak van geïntegreerde projecten een succesvolle invoering hebben ondersteund. Daarbij maken wij onderscheid tussen de voorbereidingsfase en de implementatiefase.

De voorbereidingsfase begint bij de planning van het project en eindigt met de ontwikkeling van de systemen en nieuwe werkwijze en het uitvoeren van de systeemtest. De implementatiefase loopt van de acceptatietest tot en met de daadwerkelijke invoering van de systemen en werkwijzen.

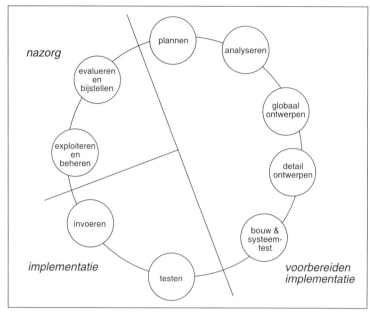

Figuur 10.1.   Ontwikkelingscyclus informatiesystemen.

10.2   Voorbereiding implementatie

De hierna volgende aanbevelingen hebben betrekking op de voorberei-dingsfase. Deze fase begint bij de planning van het project en eindigt met de ontwikkeling van de systemen en werkwijzen en het uitvoeren van de systeemtest.

10.2.1   Vroegtijdig starten van de voorbereiding van de implementatie

Met een geïntegreerd project probeert de organisatie de bedrijfsvoering te verbeteren. Een dergelijk project levert niet alleen een nieuw hulp-middel op in de vorm van een informatiesysteem maar ook een geopti-maliseerd of getransformeerd bedrijfsproces. Veranderingen op het niveau van bedrijfsproces betekenen voor het individu dat zijn werkwij-ze en vaak ook zijn werkhouding mee zullen veranderen. Om de invoe-ring van het nieuwe informatiesysteem te laten slagen, zullen de door te voeren veranderingen door alle betrokkenen gezamenlijk tot stand ge-bracht moeten worden. Veel mensen zijn van nature niet gesteld op grote veranderingen. Iedere verandering betekent het loslaten van het bekende (wat zo vertrouwd is) en het accepteren en daadwerkelijk rea-liseren van het onbekende nieuwe. Het kost immers de nodige tijd en energie voordat een medewerker overtuigd is dat veranderingen noodzakelijk zijn. Pas daarna zal hij echt mee willen werken aan het ontwerpen van een nieuw bedrijfsproces en informatiesysteem.

Acceptatie alleen biedt echter onvoldoende zekerheid dat de medewerkers na afronding van het geïntegreerde project daadwerkelijk werken conform de nieuwe werkwijze en werkhouding. Om dit te bereiken is het nodig dat de nieuwe werkwijze en werkhouding een onlosmakelijk onderdeel gaan vormen van de wijze waarop de medewerkers omgaan met hun werk: het nieuwe wordt dan vertrouwd (internalisatie).

Een dergelijk proces waarin medewerkers de huidige werkwijze en werkhouding verruilen voor een nieuwe, kost zoals uit het voorgaande blijkt veel tijd en veel energie. Het is dan ook niet verwonderlijk dat het tijdig starten van de voorbereiding van de implementatie een belangrijke voorwaarde is voor het welslagen van een geïntegreerd project.

10.2.2 Projectleider

Voor een projectleider valt het meestal niet mee om zelf tijd te maken voor implementatie-aspecten. De hectiek van de korte termijn zal het in prioriteit veelal winnen van de aandacht voor de lange termijn. De aandacht die aan het begeleiden van de veranderingen besteed kan worden komt hiermee onder druk te staan. Om toch voldoende aandacht aan de veranderingen te kunnen besteden zal men vaak geneigd zijn deze taak aan een aparte implementatieleider te delegeren. Zoals in de inleiding is vermeld is het belangrijk dat de verantwoordelijkheid voor het project en de verantwoordelijkheid voor de implementatie in één hand blijven. De lijnmanager die verantwoordelijk is voor het project kan de veranderende eisen vanuit de omgeving (bijvoorbeeld de overheid) veel beter vertalen naar het project en de implementatie van de nieuwe situatie dan een aparte implementatieleider die slechts verantwoordelijk is voor de implementatie. In deze situatie is het daarom beter om een aantal specifieke taken te delegeren aan één of meerdere functionarissen die binnen het project werkzaam zijn.

10.2.3 Implementatieplan: doel en haalbaarheid

Tegelijk met het projectplan wordt een implementatieplan opgesteld. Dit implementatieplan wordt in de voorbereidende fase steeds verder gedetailleerd en deels uitgevoerd.

Doel   In het implementatieplan wordt opgenomen wat de reden voor de verandering is, op wie de verandering betrekking heeft, wat er veranderd wordt, wanneer de verandering gerealiseerd moet zijn, hoe deze verandering tot stand wordt gebracht en welke risico's het welslagen van het plan kunnen ondermijnen. Bij een geïntegreerd project waarvoor de medewerkers hun werk en werkomgeving moeten wijzigen is het niet vanzelfsprekend dat zij de wijzigingen enthousiast en consciëntieus uit gaan voeren (zie ook punt 1). Het is dan ook belangrijk dat bij het opstellen van het implementatieplan de haalbaarheid van de beoogde veranderingen wordt ingeschat.

Haalbaarheid   De haalbaarheid wordt mede bepaald door de intensiteit van de verandering en de mate waarin de projectleden en de organisatie in staat zijn om de verandering in werkwijze en werkhouding te realiseren. Het bepalen van de haalbaarheid start met een cultuuranalyse van de huidige situatie. Het resultaat van de analyse geeft een eerste inzicht in de intensiteit van de verandering en de mate waarin de medewerkers en de organisatie over veranderkundige vaardigheden moeten beschikken. Naast een cultuuranalyse is een stakeholder analyse van belang. In een dergelijke analyse wordt onderzocht welke medewerkers en managers in staat zijn om de beoogde veranderingen te realiseren. Hierna kan de lijnmanager samen met de leden van het projectteam vaststellen of de beoogde veranderingen in dit project gerealiseerd kunnen worden en welke extra maatregelen nodig zijn om de risico's van het project te verkleinen. Denk hierbij bijvoorbeeld aan het begeleiden van medewerkers in het omgaan met grote veranderingen.

Het is bij geïntegreerde projecten niet vanzelfsprekend dat de beoogde doelen in één keer worden bereikt. In dergelijke gevallen biedt een stappenplan uitkomst. Iedere stap (niveau) kan beschouwd worden als een project waarbij een of meer componenten, zijnde bedrijfsprocessen, organisatiestructuur, cultuur (onder andere werkhouding), informatiesystemen en technische infrastructuur, wijzigen. Na iedere stap zijn alle componenten weer goed op elkaar afgestemd. De organisatie heeft dan in wezen zijn evenwicht hersteld ([Batelaan, 1991]).

10.2.4   Implementatieplan: enige aandachtspunten

Bij het doorvoeren van een verandering in werkwijze en werkhouding zijn verschillende aandachtspunten te onderkennen. Bij het opstellen van het implementatieplan is het goed om daarbij stil te staan.
Het gaat hierbij om *de rolverdeling bij de verandering.*

De rolverdeling bij de verandering   In een veranderingsproces vervullen de betrokken functionarissen (medewerkers en managers) verschillende rollen. Het is belangrijk dat de sleutelfunctionarissen die de verandering tot stand kunnen brengen de juiste rol vervullen. Daarbij is het van belang om vast te stellen of de betrokken functionaris de aan hem toegedachte rol kan vervullen gezien de bij deze rol horende taken, verantwoordelijkheden en bevoegdheden. In een veranderingsproces zijn de volgende rollen te onderscheiden: 'Sponsor', 'Change Agent', ' Target' en 'Advocate' ([ODR Implementation Experts, 1988]). Hierna worden deze rollen toegelicht.

De *Sponsor* is de persoon of groep van personen die in woord en daad laat zien achter de veranderingen te staan. Deze rol wordt bij een geïntegreerd project vervuld door de lijnmanager die verantwoordelijk is voor het welslagen van het project. Tot zijn taken behoren activiteiten als het ter beschikking stellen van de benodigde middelen, actief betrokken zijn bij het ondersteunen en motiveren van de change agents en targets.

De *Target* is de persoon of groep van personen die daadwerkelijk moet veranderen. Deze rol wordt onder andere vervuld door de personen die met het nieuwe informatiesysteem gaan werken (gebruikers). Tot zijn taak behoort onder andere het open staan voor veranderen. Dit open staan gaat niet vanzelf. Veel mensen hebben er in eerste instantie geen behoefte aan. De change agent is de persoon die met deze weerstand zo moet omgaan dat de medewerkers toch bereid zijn om actief aan de veranderingen mee te werken. Naast deze bereidheid is het wel noodzakelijk dat de targets voldoende tijd hebben om aan het proces mee te doen.

De *Change Agent* is de persoon of groep van personen die de activiteiten uitvoert om de verandering mogelijk te maken en door te voeren. Deze persoon zal de targets begeleiden gedurende het veranderingsproces. Gezien de aard van de rol is het belangrijk dat deze vanuit de lijnorganisatie wordt ingevuld.

De *Advocate* is de persoon of groep van personen die de veranderingen niet kan realiseren, maar in woord en daad laat zien de verandering erg belangrijk te vinden. Deze rol wordt veelal vervuld door stafmedewerkers.

Bij geïntegreerde projecten is de kans dat één functionaris verschillende rollen vervult niet denkbeeldig. Aangezien een van de doelstellingen van een geïntegreerd project de veranderende bedrijfsvoering is, is het goed mogelijk dat bijvoorbeeld de lijnmanager naast de rol van sponsor de rol van target vervult. Een dergelijke vermenging van rollen levert risico's op.

Een van deze risico's is dat het voor anderen onduidelijk is vanuit welke rol deze lijnmanager handelt en welk doel(en) hij nastreeft. Zijn persoonlijke doelstellingen hoeven namelijk niet te stroken met de doelstellingen van het project.

Door bewust met deze rollen om te gaan kan een dergelijk risico onderkend en ondervangen worden.

In het genoemde voorbeeld is het raadzaam om de reacties van de lijnmanager in eerste instantie te begrijpen vanuit zijn 'target rol'. Als er vanuit die rol geen weerstand aanwezig is kan de 'sponsor rol' vervuld worden.

Pijn & Remedie Een geïntegreerd project wordt gestart omdat knelpunten (pijn) zijn gesignaleerd en/of nieuwe kansen moeten worden benut (verlangen). Een project kan alleen slagen als de betrokken gebruikers en managers overtuigd zijn van de noodzaak van het project. Dit betekent dat zij zelf de bestaande situatie willen veranderen. Een dergelijke situatie wordt alleen bereikt als er voldoende 'pijn' wordt gevoeld door de individuele gebruikers en hun managers. Van nature willen mensen veelal niet veranderen en zullen ze alle signalen zoveel mogelijk negeren of zodanig interpreteren dat de bestaande situatie kan worden gehandhaafd. Echter met het bewust worden van pijn alleen is de medewerking nog niet bereikt. De gebruiker en manager zullen tevens het gevoel moeten hebben dat de gekozen remedie de gevoelde pijn effectief verhelpt. Zij zullen voor zichzelf en de organisatie de voordelen moeten ontdekken en accepteren. Effectief betekent dat het verschil tussen huidige en nieuwe werkwijze en werkhouding overbrugbaar is. Effectief betekent ook dat tijdig voldoende aandacht wordt besteed aan het verwachtingspatroon van de individuele gebruiker. Bijvoorbeeld gedurende het globaal ontwerp zullen gebruikers alleen weten dat hun eigen positie gaat veranderen terwijl de invulling van de verandering dan nog niet bekend is. De onzekerheid neemt daardoor toe. Als gebruikers niet tijdig weten welke plaats zij in het veranderproces en in de nieuwe situatie innemen zal de bereidheid om mee te werken snel dalen en de weerstand tegen de verandering fors toenemen. Het is daarom belangrijk dat de individuele gebruikers weten dat zij tijdig op de hoogte zullen worden gebracht van persoonlijke consequenties met de daarbij behorende garanties (sociaal plan etc.). Dit laatste geldt met name voor de gebruikers die niet betrokken zijn bij het ontwerp van de nieuwe situatie. Zij worden veelal in een laat stadium met het ontwerp van de toekomstige situatie geconfronteerd.

Als aan deze drie aspecten (pijn, verlangen en remedie) niet voldoende aandacht is besteed zal de gewenste verandering niet worden bereikt. Menige organisatie heeft dan ook ervaren dat enige tijd na invoering van het nieuwe systeem de gebruikers toch terug zijn gevallen op de oude vertrouwde werkwijze. Wel dient te worden opgemerkt dat het managen van pijn, verlangen en remedie geen eenvoudige zaak is.

Middelen
Een verandering met voldoende pijn en voldoende potentiële remedies zonder de mogelijkheden om de remedies door te voeren zal niet slagen. Het gaat hier om middelen als:

- implementatie- en een projectplannen die op elkaar zijn afgestemd;
- voldoende tijd voor het doorvoeren van de verandering;
- voldoende change agents met voldoende vaardigheden om de verandering te kunnen doorvoeren;
- voldoende sponsors met voldoende vaardigheden en met voldoende gezag en macht om de randvoorwaarden voor het veranderingsproces te kunnen realiseren;
- voldoende mijlpalen om de voortgang te kunnen meten en de nodige acties formeel te kunnen vaststellen.

Stelselmatig zal moeten worden geanalyseerd welke houding de medewerkers aannemen ten opzichte van de veranderingen. Op basis van deze analyse kunnen extra acties worden opgesteld om de vereiste motivatie te bereiken. Een veranderingsproces kan nou eenmaal niet met een druk op de knop verwezenlijkt worden.

10.2.5 Geïntegreerd team

In de inleiding is reeds geconstateerd dat bij een geïntegreerd project naast het hulpmiddel (het informatiesysteem) eveneens het betrokken bedrijfsproces wijzigt. Eveneens is geconstateerd dat de verschillende disciplines die bij het project betrokken zijn (automatiseerders, materiedeskundigen etc.) niet het gehele werkterrein van het project overzien. Alle betrokken disciplines zullen gezamenlijk het ontwerp van de nieuwe situatie realiseren. Toch zullen zij gezamenlijk de blauwdruk voor de nieuwe situatie moeten ontwerpen en realiseren. Samenwerken vereist naast het afstemmen van werkzaamheden ook dat men goed met elkaar kan praten en communiceren. Dit zal zeker in het begin niet eenvoudig zijn. Ons is gebleken dat het samenstellen van multidisciplinaire teams een goed methode is om dit te bereiken. Een voordeel van een dergelijk team is dat leden gezamenlijk een deel van het ontwerp realiseren. Zij hebben elkaar dus nodig. Als het team goed begeleid wordt, kan het samenwerken tussen leden van verschillende disciplines overgaan in het werken als één team (integratie). Op deze wijze wordt het ontwerp één geheel.

Deze teams bestaan gedurende de voorbereidende fase uit de ontwerpers van het systeem (automatiseerders), materiedeskundigen (gebruikers) en deskundigen op het gebied van de administratieve en personele organisatie.

10.3 Implementatie

De hierna volgende aanbevelingen hebben betrekking op de implementatie. Deze fase loopt van de test tot en met de daadwerkelijke invoering van de systemen en werkwijze.

10.3.1 Testen van de administratieve organisatie en de applicatie

De voorbereidingsfase is geëindigd met de systeemtest die moet aantonen dat voldaan is aan de technische specificaties. Deze test wordt uitgevoerd door programmeurs en ontwerpers.

Na de systeemtest, test de gebruikersorganisatie het informatiesysteem op twee criteria. Getoetst wordt:

1. of het informatiesysteem is ontwikkeld volgens de functionele specificaties (functionele test);
2. of de realisatie van de functionele specificaties heeft geleid tot een systeem dat in de praktijk efficiënt en effectief kan worden gebruikt om de beoogde doelstellingen te realiseren (implementatietest).

Deze twee criteria behoren in de huidige situatie tot de acceptatietest. Het komt echter niet zelden voor dat het testen van het eerste criterium zoveel tijd in beslag neemt dat er nauwelijks tijd overblijft voor het tweede criterium. Zeker voor geïntegreerde projecten geldt dat de toegevoegde waarde van de inzet van medewerkers bij de acceptatietest met name zit in het testen van het tweede criterium. De gebruikers zijn namelijk de enigen die goed kunnen overzien of de veranderingen in de systemen, de infrastructuur, de administratieve organisatie en de werkwijze in samenhang leiden tot de realisatie van de vooraf gestelde doelstellingen om de nieuwe strategie te kunnen verwezenlijken. Zij kennen de praktijk en kunnen bekijken of de veranderingen te zamen een werkbaar geheel vormen. Daarom is het belangrijk dat de gebruikers zich alleen concentreren op het gedeelte van de test waarvoor hun inzet essentieel is. Wij raden derhalve aan de acceptatietest te splitsen in een functionele test en een implementatietest. Hierna worden beide kort besproken.

Functionele test

Een functionele test is een test die wordt uitgevoerd door de leden van het geïntegreerde team dat het systeem heeft ontworpen. De leden van het projectteam kunnen deze test goed van de medewerkers overnemen. Zeker in complexe projecten zullen er altijd fouten ontstaan tijdens de vertaalslag van het basisontwerp naar het detailontwerp. Deze fouten kunnen reeds worden opgelost voordat de gebruikers achter het systeem gaan zitten.

Implementatie-test

Tijdens de implementatietest wordt beoordeeld of het informatiesysteem efficiënt en effectief kan worden gebruikt om de beoogde doelstellingen te realiseren. Bij een geïntegreerd project wordt tijdens de test niet alleen de werking van het informatiesysteem maar ook de daarmee samenhangende opzet en inrichting van de administratieve en sociale organisatie getest.

In een geïntegreerd project worden als gevolg van de nieuwe bedrijfsstrategie de producten en/of diensten die de organisatie voortbrengt gewijzigd. Met deze wijziging zullen de criteria en normen waaraan deze producten en/of diensten moeten voldoen eveneens veranderen. De nieuwe criteria en normen zijn reeds door het management vastgesteld en vormen uitgangspunten voor het basisontwerp. Om deze criteria en normen in de praktijk te kunnen realiseren zullen de bedrijfsprocessen aan bepaalde minimale voorwaarden moeten voldoen. Deze proceseisen vormen te zamen met de criteria en normen voor de producten en/of diensten de basis voor de ontwikkeling van de testgevallen. Immers door middel van het nieuwe systeem en (her)ingerichte bedrijfsproces moeten in de dagelijkse praktijk de vooraf bedachte producten en/of diensten tot stand worden gebracht.

Voor het project betekent dit dat een medewerker uit de lijnorganisatie al tijdens het basisontwerp kan beginnen met het vertalen van criteria, normen en proceseisen naar testsituaties die na het basisontwerp kunnen worden omgezet in testgevallen.

Afhankelijk van de situatie kan daarbij worden gedacht aan tests waarbij één of meer van de volgende vragen een rol spelen:

- Kan de invoer voor een bepaald proces snel genoeg plaatsvinden?
- Kan het gewenste aantal transacties worden verwerkt met het beoogde aantal medewerkers?
- Kan het beoogde serviceniveau worden bereikt?
- Kan bij veranderende omstandigheden de werking van het systeem tijdig worden gewijzigd?
- Kunnen er geen gegevens worden gewijzigd door onbevoegden?
- Kan de gewenste functiescheiding worden gerealiseerd?

Tijdens de implementatietest dienen niet alleen de medewerkers uit de lijnorganisatie te testen of de opgestelde werkwijze goed functioneert. Ook de beheerders van de informatiesystemen en procedures dienen de beheerprocedures te testen. Door reeds tijdens de implementatietest te werken volgens de nieuwe werkwijze kan zowel door de beheerders als de gebruikers ervaring worden opgedaan met deze manier van werken. Bovendien kan waar nodig reeds bijstelling plaatsvinden.

10.3.2 Helpdesk

Een helpdesk wordt veelal tegelijk met de invoering van de nieuwe systemen in gebruik genomen. Doordat de helpdeskmedewerkers meestal pas tijdens de implementatietest worden opgeleid, zijn zij de eerste maanden na het in productie nemen van de programmatuur en de werkwijze vaak nog niet goed in staat om de vragen te beantwoorden. Dit legt extra druk op de ontwerpers en de gebruikers die hierdoor moeten bijspringen. Ontwerpers hebben het echter in de tijd na het in productie nemen al extra druk omdat urgente problemen snel dienen te worden opgelost.

Het is bij geïntegreerde projecten aan te raden de helpdesk reeds bij de start van de implementatietest in gebruik te nemen. De helpdeskmedewerker kan dan naast vragen over het informatiesysteem ook vragen beantwoorden over de nieuwe bedrijfsprocessen en de nieuwe werkwijze. Op deze manier wordt voorkomen dat de ontwikkelorganisatie in een drukke periode lastig wordt gevallen met veel vragen over het nieuwe systeem en de werkwijze. Dit vergt de nodige inwerktijd voor de helpdeskmedewerker. Indien de helpdesk nog niet goed van de grond is gekomen bij het in productie nemen bestaat het gevaar dat problemen niet geïntegreerd worden opgelost. De helpdeskmedewerker behoort er voor te zorgen dat bij de oplossing van problemen de situatie op meer dan alleen het automatiseringsaspect wordt bekeken.

10.3.3 Oefenfase

Bij een geïntegreerd project verandert voor de medewerker niet alleen het informatiesysteem maar ook de organisatie daar omheen. Dit betekent dat het in vergelijking tot niet-geïntegreerde projecten extra lastig is voor een gebruiker om zich de nieuwe manier van werken eigen te maken. Alhoewel er natuurlijk opleidingen worden gegeven geldt toch dat een éénmalige uitleg veelal niet voldoende is. In deze gevallen biedt het instellen van een oefenfase of 'speeltuin' een goede oplossing.

Het oefenen met de nieuwe systemen en procedures vindt in een aparte omgeving plaats. De mate en intensiteit van oefenen wordt niet direct vanuit het project afgedwongen. Het afdelingshoofd heeft er belang bij dat zijn medewerkers voldoende vaardig zijn. Hij is dan ook verantwoordelijk voor het op peil brengen van de vaardigheden en het gebruik van deze 'speeltuin'. Een bijkomend voordeel is dat door middel van deze oefensessie de juistheid van de geschatte verwerkingstijden kan worden getoetst.

10.3.4 Opleiding

Bij geïntegreerde projecten verandert naast het systeem ook de werkwijze. Dit betekent dat opleidingen het beste kunnen worden gegeven door degene die naast het nieuwe systeem, het oude systeem en het primaire proces van de afdeling kennen. Zij kunnen de relatie leggen tussen veranderingen in het systeem en in de werkwijze ten opzichte van de oude situatie. Gebruikers die reeds in een vroeg stadium werkzaamheden hebben verricht voor het project zijn dan ook bij uitstek de trainers voor de overige gebruikers.

Een dergelijke trainer kan in de taal van de gebruiker de werking en werkwijze uitleggen, wat de acceptatie bevordert. Tevens kan deze trainer de vragen van zijn collega's waarschijnlijk beter begrijpen dan iemand van een ondersteunende afdeling.

Om de opleiding te kunnen geven dient de trainer tijdens het ontwerptraject te worden opgeleid door de ontwikkelaars van de systemen en procedures. Daarnaast verdient het aanbeveling de trainer nauw te betrekken bij de ontwikkeling van de gebruikershandleidingen. De desbetreffende trainers moeten de relatie tussen de nieuwe strategie en de veranderingen in de bedrijfsvoering goed duidelijk kunnen maken.

10.3.5 Voorlichting

Naast het opleiden is het gezien de veranderende werkwijze en procedures belangrijk dat alle betrokkenen tijdig worden geïnformeerd over het tijdstip en de wijze waarop de overgang van het oude naar het nieuwe systeem en werkwijze plaats zal vinden. Hierbij zijn de volgende punten te onderscheiden:

- het informeren van de omgeving;
- het informeren van managers en medewerkers over de afronding van de oude werkwijze;
- het informeren van managers en medewerkers over de nieuwe werkwijze en het gebruik van het systeem en de administratieve organisatie.

Informeren omgeving	Naast het opleiden van de direct betrokkenen zijn er ook nog vele personen zowel binnen als buiten de organisatie die te maken krijgen met het nieuwe systeem, maar geen directe gebruikers zijn. Ook deze mensen moeten op tijd worden geïnformeerd over de wijzigingen die optreden in de procedures en de werkwijzen.
Informeren managers en medewerkers over afronding oude werk- wijze	Specifiek voor een geïntegreerd project is de complexe afronding van de oude werkwijze. Na de invoering van het nieuwe systeem werkt men anders. Toch zal een gebruiker nog vele malen reeds vóór de invoering verwerkte informatie moeten kunnen raadplegen. Daarom dient elk afdelingshoofd een plan te maken voor de afsluiting van de eigen werkzaamheden voorafgaand aan de definitieve invoering. Dit plan behelst naast het goed afronden tevens het archiveren en het vaststellen van de wijze van overgaan van de oude naar de nieuwe werk- wijze. Hierbij hoort tevens een inventarisatie van de applicaties en de bestanden die wel en niet buiten gebruik worden gesteld. Ook dient te worden aangegeven hoe het onderhoud op de niet direct buiten gebruik te stellen systemen wordt doorgevoerd en op welk moment de nieuwe werkwijze wordt ingevoerd.
Informeren managers en medewerkers over nieuwe werkwijze en gebruik systeem en administratieve organisatie	De hoofden van de betrokken afdelingen dragen er zorg voor dat de mensen van hun eigen afdeling worden ingelicht door de betrokken vertegenwoordigers van hun eigen afdeling in de projectorganisatie. De voorlichting heeft zowel betrekking op het toekomstig gebruik van het informatiesysteem, de toekomstige werkwijze (processen) als de toe- komstige sociale organisatie. Hierbij is zowel het toekomstige functio- neren van de medewerkers als het toekomstige functioneren van de managers van groot belang. Tevens dienen duidelijk de verschillen met de oude werkwijze te worden aangegeven. Het voorlichtingsaspect is een continue aangelegenheid. De effecten van de voorlichting dienen op zijn laatst bij het oefenen met de nieuwe systemen te worden geëvalu- eerd. Speciale aandacht is hierbij nodig voor de overdracht van de infor- matiesystemen van de project- naar de beheerorganisatie.

10.3.6 Go/no go beslissing

Bij een geïntegreerd project is het veelal niet of niet goed mogelijk om na invoering nog terug te keren naar de oude situatie. Dit is gezien de wijziging in opzet en inrichting van de organisatie ook niet zo verwon- derlijk. Een overhaaste go beslissing dient dan ook te worden voorko- men. Daarom is het belangrijk reeds vooraf beslissingscriteria te formuleren over hetgeen er bij mogelijke afwijkingen moet gebeuren. In een vroeg stadium kunnen de afwegingen nog rustig en goed worden doordacht.

Deze beslissingscriteria worden door ons verdeeld in drie categorieën:
1. het informatiesysteem met de bijbehorende technische en functionele infrastructuur;

2. de administratieve organisatie die behoort bij het betreffende informatiesysteem;
3. de benodigde normen en waarden (werkhouding) die het goed benutten van de voordelen van het nieuwe informatiesysteem en administratieve organisatie vereist.

Na afloop van de implementatietest en de opleiding wordt door de gebruikers beoordeeld of het nieuwe systeem met de nieuwe werkwijze kan worden geïmplementeerd. Hierbij dient ervoor te worden gewaakt dat men, ondanks eventuele tegenvallende testresultaten, door middel van vele noodprocedures en noodprogramma's toch het nieuwe systeem wil invoeren. De in het implementatieplan globaal beschreven procedure rond de invoering en de detaillering hiervan in het invoeringsplan dient strikt te worden gehanteerd. Indien men onder tijdsdruk toch concessies wenst te doen aan de vooraf gestelde eisen dan dient eerst een risico-analyse te worden gedaan.

10.4 Conclusie

Een geïntegreerd project vormt door de vele veranderingen op verschillende terreinen een grote uitdaging. De aard en hoeveelheid van de veranderingen kunnen een geslaagde doorvoering evenwel in de weg staan. Dergelijke projecten hebben een grote kans van slagen als naast de inhoudelijke aspecten de samenwerking tussen de verschillende disciplines van een organisatie en de menselijke aspecten voldoende en tijdig aandacht krijgen.
In dit hoofdstuk hebben wij vanuit onze eigen ervaring een aantal aanbevelingen gedaan die de beheersbaarheid van het project bevorderen en derhalve de kans op succes vergroten.

Over de auteurs

Alle auteurs zijn vanuit KPMG betrokken bij complexe IT-projecten. Deze betrokkenheid uit zich in diverse rollen: projectmanager, project-adviseur, procesbegeleider, ontwerper, auditor en kwaliteitsmanager.

Ir. M.W. La Haye is werkzaam als directeur bij KPMG Management Consulting bij de business unit Systems en C.J.P. Overvoorde en drs. ing. B.M. van Strijen zijn als senior organisatie-adviseur respectievelijk adviseur werkzaam bij dezelfde business unit. Allen zijn betrokken bij het managen en begeleiden van grote IT-projecten waarbij gebruik gemaakt wordt van standaardsoftware.

Mw. drs. J.C. Roelofs en ir. A. van Buuren zijn als senior manager werkzaam bij KPMG Management Consulting in de business unit Informatisering en Administratieve Bedrijfsvoering (IAB). Beiden hebben ervaring met het aansturen en beheersen van grote IT-projecten. Ditzelfde geldt voor drs. G.B. Kleyn en ir. H.M. Sasse, die tot voor kort werkzaam waren voor dezelfde business unit.

J.J.V.R. Wintraecken is als senior organisatie-adviseur bij IAB werkzaam en heeft met name de rol van kwaliteitsmanager en auditor.

Drs. T.R.J. Bosselaers, drs. P.J.C. van Bladel en drs. A.S. Wuestman zijn als organisatie-adviseur betrokken bij complexe IT-projecten.

Drs. J.F.H. Vrins is inmiddels werkzaam voor KPMG Klynveld Bosboom Hegener te Curaçao en is als ontwerper en projectmanager werkzaam.

Drs. A.H.J.B. Schotgerrits is directeur bij KPMG Management Consulting van de business unit Diensten.

Indien u vragen en/of opmerkingen heeft en wilt bijdragen aan een verbetering van dit boek, neemt u dan contact op met José Roelofs (030-2525211) of stuurt u uw reactie naar KPMG Management Consulting, Euclideslaan 1, 3584 BL Utrecht.

Literatuur

Albrecht, A.J., 'Measuring application development productivity', Proceedings of the joint SHARE/GUIDE/IBM application development symposium, *Guide International Corp.*, oktober 1979, pag. 83-92.

Batelaan, M.V. en P. van Doorn, *Informatietechnologie van plateau tot plateau, een strategie voor implementatie*, Nolan, Norton & Co., 1991.

Betteridge, R., 'Succesful experience of using function points to estimate project cost early in the life-cycle', *Information & software technology*, oktober 1992, pag. 655-658.

Betz, B.A., J.C. Roelofs en J.F.H. Vrins, *Integraal ontwikkelen van organisatie en informatiesystemen*, Kluwer Bedrijfswetenschappen, Deventer, juni 1995.

Boehm, B.W., *Software engineering economics*, Prentice-Hall, 1981.

Boogaard, M., 'Defusing the Software Crisis: Information Systems Flexibility through Data Independence', Thesis, *Tinbergen Institute Research Series* nr. 79, 1994.

Braams, P., *Ontwikkelen vanuit product & proces, een andere kijk op het toepassen van IT*, november 1992.

Bruggen, R. van, H. Heijes en H.J. Knol, *Kwaliteitszorg in informatisering*, Academic Service, Schoonhoven 1991.

Chin, R. en K.D. Benne, *General strategies for effecting changes in human systems in French*, Bell & Zawacki, Organization Development, BPI.

Coorens, E.M.H., P.J.C. van Bladel en M. Boogaard, 'Besluitvorming over IT-investeringen: gebruik de juiste criteria', *Compact*, herfst 1995.

DeMarco, T., *Controlling software projects*, Yourdon Press, 1982.

Duthler, A.W., *Beheersing van automatiseringsrisico's*, Samsom BedrijfsInformatie bv, Alphen aan den Rijn 1995.

Europese Norm EN 29000, 'Kwaliteitszorg en normen voor kwaliteitsborging Richtlijnen voor de keuze en de toepassing', Europese Commissie voor Normalisatie, Brussel 1987.

Galbraith, J.R., *Het ontwerpen van complexe organisaties*, Samsom, Alphen aan den Rijn 1976.

Gielen, L.J.M.W., *ASAP: Analysis of Software Acquisition Productivity*, Interne publicatie KPMG, november 1992.

Gielen, L.J.M.W. en G.J.P. Swinkels, 'Kwaliteitsbeheersing bij de ontwikkeling van informatiesystemen via knelpuntenanalyse', *Handboek A.I.V.-Informatietechnologie*, Samsom BedrijfsInformatie, Alphen aan den Rijn, november 1992.

Hartog, P.A., A. Molenkamp en J.H.M. Otten, *Kwaliteit van de Administratieve Dienstverlening, managen is integreren*, Kluwer Bedrijfswetenschappen, Deventer 1992.

Heemstra, F.J., *Hoe duur is programmatuur*, Kluwer Bedrijfswetenschappen, Deventer 1989.

Heemstra, F.J., 'Software ontwikkeling, beheersen en onzekerheid', *Informatie*, 1990, nr. 2, pag. 192-200.

Hopstaken, B. en A. Kranendonk, *Informatieplanning, Puzzelen met beleid & plan*, Kluwer Bedrijfswetenschappen/Stenfert Kroese Uitgevers, 2de herz. druk, Deventer 1991.

Hopstaken, B.A.A. en A. Kranendonk, 'Wegen bij automatisering: dilemma en strategieën', *M&O Tijdschrift voor organisatiekunde en sociaal beleid*, jaargang 43, nr. 1, 1989.

Jong, J.A. de, 'Risico-analyse, het omgaan met de risico's van automatiseringsprojecten', *De Accountant*, nr. 10, juni 1992.

Jones, C., *Applied software measurement*, McGraw-Hill Book Company, 1991.

Kamermans, M. (red.), *Administratieve organisatie, een vak in beweging*, Kluwer Bedrijfswetenschappen, Deventer 1993.

Kamermans, M. en O.C. van Leeuwen, 'De positie van het vak Administratieve Organisatie', *MAB*, juli/augustus 1993.

Kamermans, M.C., A. Kranendonk, O.C. van Leeuwen en J.F.H. Vrins, 'Het realiseren van geautomatiseerde informatiesystemen en de bijdrage van de accountant Wie aan de kant blijft, leert nooit zwemmen', *De Accountant*, nr. 6, februari 1994.

Kanter, R.M., B.A. Stein en T.D. Jick, *De uitdaging van organisatieverandering. Hoe bedrijven verandering ervaren en hoe leiders verandering kunnen sturen*, 1992.

Kemerer, C. F., Reliability of function points measurement, *Communications of the ACM*, februari 1993, pag. 85-97.

Keuning, D. en D.J. Eppink, *Management en Organisatie*, Stenfert Kroese Uitgevers, Deventer 1991.

Kitchenham, B.A., 'Emperical studies that underlie software cost-estimation models', *Information & software technology*, april 1992, pag. 211-218.

Kleyn, G.B. en B. van Strijen, *Risicomanagement in IT-projecten*, Kluwer Bedrijfswetenschappen, Deventer 1994.

Koedijk, A.H.C., 'Standaardpakketten in de lift', *Tijdschrift Financieel Management*, nr. 3, 1993.

Kranendonk RA, A., 'Rennen wat je kunt: vernieuwen vanuit de gevestigde situatie', in: *Handboek Automatisering van de informatieverzorging*, januari 1988.

Lewin, K., 'Changing as three step: unfreezing, moving and freezing of group standards', in: French, Bell and Zawacki, *Organisation Development*, BPI IRWIN, 1989.

Nadler, D.A., 'Managing organizational change: an integrative perspective', in: French, Bell and Zawacki, *Organisation Development*, BPI IRWIN, 1989.

NGI, *Stilstaan bij Risico-Analyse, een studierapport inzake het toepassen van risico-analyse bij geautomatiseerde gegevensverwerking*, NGI-sectie EDP-Auditing, mei 1991.

Nolan, R.L. en W.J.D. Koot, 'Actualisering van de Nolan-fasen theorie', *Holland Management Review* nr. 31, 1992.

ODR Implementation Experts, *Building commitment to organizational change*, 1988.

ODR, *Management of Organizational Change*, 1989.

Pfeffer, J., *Managing with Power: politics and influence in organizations*, Harvard Business School Press, 1992.

Reeken, A.J. van, 'Leren omgaan met onzekerheden. Het ontstaan en het belang van risicobeheersing bij automatiseringsprojecten', *Informatie* (32), nr. 12, 1990.

Riesewijk, B. en J. Warmerdam, *Het slagen en falen van automatiseringstrajecten*, Instituut voor Toegepaste Sociologie, Nijmegen 1988.

Rijsenbrij, D.B.B. en A.H. Bauer, 'Projectdiagnose: goed begin is het halve werk', *Informatie* jaargang 31 nr. 3, 1989.

Roelofs, J. C. en J. F. H. Vrins, 'Het managen van IT: lijm- of lijnmanagement', in: *Themadag EKSBIT* november 1992, Meer lijn in IT door meer IT in lijn, november 1992.

Schotgerrits, A.H.J.B., et.al., *Ondernemen met Informatie Technologie, een commerciële strategie voor bedrijven en overheden*, Samsom Uitgeverij, Alphen aan den Rijn-Brussel 1987.

Selection & Implementation of Integrated Packaged Software (SIIPS), KPMG's methode voor selectie en implementatie van standaard software.

Sondeijker, R.C.M. en T.H.C. de Haas, *De robuuste organisatie: op zoek naar hoger integratienivo van organiseren*, M&O 1994/5.

Starreveld RA, R.W., H.B. de Mare RA en E.J. Joëls RA, *Bestuurlijke Informatieverzorging deel 1*, 2e herziene druk, Samsom, Alphen aan den Rijn 1985.

Strijen, B.M. van, 'Informatiestrategie ondersteunt ondernemingsstrategie', *Bedrijfskundig vakblad voor industrie en dienstverlening (B&id)*, juni 1991.

Turner, W.S. en R.P. Langerhorst, *SDM – System Development Methodology*, CAP Gemini Publishing, 1990.

Uijttenbroek, A.A., *System Development Methodology*, CAP Gemini Publishing, 1990.

Vrins, J.F.H., 'AO en geautomatiseerde informatiesystemen', *Nieuwsbrief financieel management*, 1994, nr. 4, pag. 6-11.

Wintraecken, J.J.V.R., 'Wegwijs in methoden voor integrale organisatie- en systeemontwikkeling. Deel 1', in: *Handboek Bestuurlijke Informatiekunde* (losbl.), D 2600. Samsom BedrijfsInformatie, Alphen aan den Rijn, december 1993.

Wintraecken, J.J.V.R., 'Wegwijs in methoden voor integrale organisatie- en systeemontwikkeling. Deel 2', in: *Handboek Bestuurlijke Informatiekunde* (losbl.), D 2605. Samsom BedrijfsInformatie, Alphen aan den Rijn, mei 1994.